AF279575

TEMAS DE FISCALIDAD EMPRESARIAL

Marta Marcos Cardona

Victoria Selma Penalva

Norberto Miras Marín

TEMAS DE FISCALIDAD EMPRESARIAL

Segunda edición, 2025

El editor no se hace responsable de las opiniones recogidas, comentarios y manifestaciones vertidas por los autores. La presente obra recoge exclusivamente la opinión de sus autores como manifestación de su derecho de libertad de expresión.

Quedan rigurosamente prohibidas, sin la autorización escrita de los titulares del Copyright, bajo las sanciones establecidas en las leyes, la reproducción parcial o total de esta obra por cualquier medio o procedimiento, comprendidos la reprografía y el tratamiento informático, y la distribución de ejemplares de ella mediante alquiler o préstamos públicos.

© Marta Marcos Cardona,
   Victoria Selma Penalva
   Norberto Miras Marín

© **DM**

ISBN: 978-84-10436-51-0
Depósito Legal: MU 69-2025

Edición a cargo de: Diego Marín Librero–Editor.
                         Merced, 25.30001–Murcia
                         Tfno. 968 24 28 29 / 968 23 75 78

ÍNDICE

TEMA 1. LA EMPRESA EN EL SISTEMA TRIBUTARIO

1. Breve referencia al sistema impositivo

a) El concepto de sistema tributario

El sistema tributario constituye un conjunto sistemático y coordinado de tributos vigentes en una jurisdicción durante un período específico, tal como lo define FERREIRO LAPATZA[1]. Esta conceptualización temporal resulta fundamental, pues como señala la Sentencia del Tribunal Constitucional 19/1987, de 17 de febrero (FJ 4), los sistemas tributarios son entes dinámicos que deben adaptarse a las realidades socioeconómicas cambiantes.

La interrelación entre el sistema fiscal y el económico es indisoluble, existiendo una influencia bidireccional entre ambos, como ha destacado MARTÍN QUERALT[2]. Esta conexión se ha intensificado notablemente en el contexto de la integración europea, como evidencia la jurisprudencia del Tribunal de Justicia de la Unión Europea en su Sentencia de 15 de julio de 2004, España/Comisión (C-501/00).

La doctrina especializada, encabezada por SAINZ DE BUJANDA[3], ha establecido que cada sistema tributario responde a múltiples variables

---

[1] FERREIRO LAPATZA, J.J., *Curso de Derecho Financiero Español*, 25ª ed., Marcial Pons, 2006, p. 10.

[2] MARTÍN QUERALT, J., *Curso de Derecho Financiero y Tributario*, 29ª ed., Tecnos, 2018, p. 45.

[3] SAINZ DE BUJANDA, F., *Hacienda y Derecho*, Instituto de Estudios Políticos, Vol. II, 1962, p. 243.

específicas de cada país: su estructura productiva, características geográficas, organización política y necesidades sociales particulares. Esta singularidad hace imposible, como ha reconocido el Tribunal Constitucional (STC 37/1987, de 26 de marzo, FJ 13), establecer un sistema tributario arquetípico aplicable universalmente.

b) ¿Sistema Tributario?

En todo Estado moderno coexiste una pluralidad de tributos que, en el marco del Estado de Derecho, encuentran su legitimación en el principio de legalidad tributaria, consagrado en el artículo 31.3 de la Constitución Española y desarrollado por el Tribunal Constitucional en su STC 185/1995, de 14 de diciembre (FJ 3), que establece que toda prestación patrimonial de carácter público debe estar prevista en la ley.

La cuestión sobre si este ordenamiento tributario constituye verdaderamente un sistema ha sido ampliamente debatida por la doctrina. Como señala SAINZ DE BUJANDA[4], para analizar esta cuestión debemos primero delimitar el concepto de sistema y posteriormente examinar si la multiplicidad tributaria existente se ajusta a dicha definición.

Siguiendo a CALVO ORTEGA[5], un sistema requiere la concurrencia de varios elementos: pluralidad de componentes, relaciones entre los mismos, coherencia interna y finalidad común. Esta conceptualización permite definir un sistema como un conjunto de elementos interrelacionados, organizados específicamente para alcanzar objetivos predeterminados y compartidos.

SCHMÖLDERS, en su obra «Teoría General del Impuesto»[6], enfatiza que «el concepto de sistema tributario implica cierta armonía de los diversos impuestos entre sí y con los objetivos de la imposición fiscal o extrafiscal». Esta definición ha sido recogida por la jurisprudencia del Tribunal Supremo en su Sentencia de 2 de marzo de 2011 (rec. 4081/2009).

---

[4] SAINZ DE BUJANDA, F., *Lecciones de Derecho Financiero*, 10ª ed., Universidad Complutense, 1993, p. 114.

[5] CALVO ORTEGA, R., *Curso de Derecho Financiero I. Derecho Tributario (Parte General)*, 13ª ed., Civitas, 2009, p. 45.

[6] SCHMÖLDERS, *Teoría General del Impuesto*, Ed. de Derecho Financiero, Madrid, 1962, p. 221.

Sin embargo, la realidad práctica del sistema tributario español, como señala MARTÍN QUERALT[7], revela ciertas disfunciones en cuanto a la coherencia y claridad del conjunto normativo. Esta crítica no es nueva: ya WAGNER[8] cuestionaba la idoneidad del término «sistema tributario» para describir lo que consideraba un "caos de tributos", observación que mantiene su vigencia como reconoce el propio Tribunal Constitucional en su Sentencia 19/1987, de 17 de febrero (FJ 4), al abordar la complejidad del sistema tributario moderno[9].

Este caos tributario, ha llevado pensar a muchos que más que «sistema», debemos «hablar de régimen tributario», toda vez que estos se imponen en forma inorgánica, sin orden, ni fundamento, con el solo objeto de recaudar más fondos.

Así pues, desde un punto de vista ideal, los tributos vigentes parecen alejarse de lo que hemos denominado sistema, para acercarse más a lo que se ha definido como régimen, tal como lo plantea SAÍNZ DE BUJANDA, quien a su vez afirma que resulta difícil conciliar en la práctica los objetivos, muchas veces discrepantes que se persiguen con los distintos impuestos[10].

c) La configuración del sistema tributario español

El sistema tributario español es un conjunto coherente de tributos, armonizados entre sí y con un objetivo común, que están integrados en el ordenamiento jurídico español a distintos niveles: estatal, autonómico y local.

Todos los tributos se encuentran informados por lo dispone la Constitución Española en sus artículos 9.2, 14 y 31.1:

> Artículo 9.2: «Corresponde a los poderes públicos promover las condiciones para que la libertad y la igualdad del individuo y de los grupos en que se integra sean reales y efectivas; remover los obstáculos que impidan o dificulten su plenitud y facilitar la participación de todos los ciudadanos en la vida política, económica, cultural y social».

---

[7] MARTÍN QUERALT, J., *Curso de Derecho Financiero y Tributario*, 29ª ed., Tecnos, 2018, p. 73.
[8] WAGNER, A., *Finanzwissenschaft*, 1883.
[9] Téngase en cuenta que esto lo dice un alemán. Adolph Wagner (25 de marzo de 1835 - 8 de noviembre de 1917) fue un economista perteneciente al Kathedersocialismus y estudioso del gasto público.
[10] SAÍNZ DE BUJANDA. F., *Hacienda y Derecho*, Instituto de Estudios Políticos, Vol. II, 1962, p. 42.

Artículo 14: «Los españoles son iguales ante la ley, sin que pueda prevalecer discriminación alguna por razón de nacimiento, raza, sexo, religión, opinión o cualquier otra condición o circunstancia personal o social».

Artículo 31.1: «todos contribuirán al sostenimiento de los gastos públicos de acuerdo con su capacidad económica mediante un sistema tributario justo inspirado en los principios de igualdad y progresividad que, en ningún caso tendrá alcance confiscatorio».

De los cuales se derivan los principios que rigen nuestro sistema impositivo:

1. Principio de igualdad: es un principio inspirador de nuestro Ordenamiento Jurídico. Se conforma como un límite a la potestad del legislador y como un derecho de todos los españoles. Este principio se encuentra íntimamente relacionado con el de capacidad económica, ya que la carga tributaria debe ser la misma si se pone de manifiesto una misma capacidad económica.

El Tribunal Constitucional, en sus sentencias n° 45/1989 de 20 de febrero y n° 76/1990 de 26 de abril, valora de forma negativa las desigualdades existentes en la sociedad, señalando la necesidad de establecer medidas fiscales que las mitiguen y reconociendo que la Ley puede establecer un trato desigual siempre que se encuentre justificado de forma objetiva.

2. Principio de generalidad: Hace referencia al término general «todos» e implica que no haya discriminaciones arbitrarias a la hora de imponer los tributos, y que éstos alcancen a todos aquellos que se encuentren en las mismas circunstancias.

3. Principio de capacidad económica: La carga tributaria se debe establecer en base a la riqueza que ponga de manifiesto cada sujeto. En aquellos casos en los que no exista un valor económico la ley no podrá construir una «capacidad económica» como soporte del tributo.

4. Principio de progresividad: Conforme se incremente la riqueza o se ponga de manifiesto una mayor capacidad económica se incrementará la contribución.

5. Principio de no confiscatoriedad: La tributación no podrá menoscabar la renta o patrimonio gravado.

6. Principio de legalidad: el artículo 133 de la Constitución establece que el único que tiene poder para establecer los tributos es el Estado mediante Ley.

a. La potestad originaria para establecer los tributos corresponde exclusivamente al Estado, mediante ley.

b. Las Comunidades Autónomas y las Corporaciones locales podrán establecer y exigir tributos de acuerdo con la Constitución y las leyes.

c. Todo beneficio fiscal que afecte a los tributos del Estado deberá establecerse en virtud de ley.

d. Las administraciones públicas sólo podrán contraer obligaciones financieras y realizar gastos de acuerdo con las leyes.

En cuanto a la ESTRUCTURA DEL SISTEMA TRIBUTARIO ESPAÑOL debemos diferenciar el sistema tributario estatal, el autonómico y el local:

1. SISTEMA IMPOSITIVO ESTATAL

1.1. Impuestos directos

- Impuesto sobre la Renta de las Personas Físicas (IRPF)

    - De titularidad estatal, con cesión parcial a las CCAA (tramo autonómico y ciertas deducciones).

- Impuesto sobre la Renta de no Residentes (IRNR)

    - 100% estatal, gestionado por la AEAT.

- Impuesto sobre Sociedades (IS)

    - 100% estatal, sin cesiones autonómicas[11].

- Impuesto sobre el Patrimonio (IP)

    - De origen estatal, cedido totalmente a las CCAA (gestionan y recaudan)[12].

- Impuesto sobre Sucesiones y Donaciones (ISD)

    - De origen estatal, cedido totalmente a las CCAA.

---

[11] No obstante, hay que mencionar la particularidad de los territorios forales (País Vasco y Navarra), que tienen su propia facultad normativa en materia de IS en el marco de sus regímenes forales. Fuera de esos territorios, el IS es 100% estatal.

[12] El IP y el ISD se regulan en leyes estatales, pero las CCAA tienen capacidad normativa para establecer tarifas, bonificaciones y gestión.

El Impuesto Temporal de Solidaridad de las Grandes Fortunas (vigente para 2023 y 2024) es un tributo estatal adicional que grava a determinados contribuyentes con patrimonios elevados.

1.2. Impuestos indirectos

- Impuesto sobre el Valor Añadido (IVA)

- De titularidad estatal, con cesión parcial (un porcentaje de la recaudación) a las CCAA.

- Impuesto sobre Transmisiones Patrimoniales y Actos Jurídicos Documentados (ITP y AJD)

- De origen estatal, cedido totalmente a las CCAA (recaudación y regulación de tipos/bonificaciones).

- Impuestos Especiales (alcohol, hidrocarburos, tabaco, etc.)

- Titularidad estatal, con cesión parcial de la recaudación a las CCAA.

1.3. Tasas estatales

- Gravamen por uso privativo de bienes de dominio público, expedición de documentos, etc.

1.4. Contribuciones especiales estatales

- Habitualmente ligadas a grandes obras o infraestructuras de competencia estatal (carreteras, puertos, etc.).

2. SISTEMA IMPOSITIVO DE LAS COMUNIDADES AUTÓNOMAS

2.1. Impuestos cedidos parcialmente

- IRPF (tramo autonómico)

- IVA (parte de la recaudación)

- Impuestos Especiales (parte de la recaudación)

2.2. Impuestos cedidos totalmente

- Impuesto sobre el Patrimonio

- Impuesto sobre Sucesiones y Donaciones

- Impuesto sobre Transmisiones Patrimoniales y Actos Jurídicos Documentados

- Impuesto sobre Determinados Medios de Transporte (impuesto de matriculación)

Al estar cedidos totalmente, las CCAA pueden regular tipos impositivos, reducciones, bonificaciones y también gestionarlos íntegramente.

2.3. Impuestos propios de cada CCAA

- Impuestos medioambientales (p.ej., sobre emisiones contaminantes, vertidos, aguas residuales, etc.).

- Impuestos sobre grandes superficies comerciales (en algunas CCAA).

- Impuesto sobre el juego (según la modalidad de juego).

- Cualquier otro tributo creado por ley autonómica y admitido en el marco constitucional.

2.4. Tasas autonómicas

- Típicamente, por la prestación de servicios públicos o la realización de actividades que sean competencia autonómica (p.ej., expedición de títulos académicos, licencias de caza y pesca autonómicas, etc.).

2.5. Contribuciones especiales autonómicas

- Normalmente ligadas a obras o servicios promovidos a nivel autonómico (carreteras, infraestructuras hidráulicas, etc.).

3. SISTEMA IMPOSITIVO LOCAL (ENTIDADES LOCALES)

3.1. Impuestos municipales obligatorios

1. Impuesto sobre Bienes Inmuebles (IBI)

2. Impuesto sobre Actividades Económicas (IAE)

3. Impuesto sobre Vehículos de Tracción Mecánica (IVTM)

3.2. Impuestos municipales potestativos

1. Impuesto sobre Construcciones, Instalaciones y Obras (ICIO)

2. Impuesto sobre el Incremento de Valor de los Terrenos de Naturaleza Urbana (IIVTNU / Plusvalía Municipal)

3.3. Tasas municipales

- Por la prestación de servicios o utilización privativa del dominio público local (recogida de basuras, alcantarillado, licencia de apertura, etc.).

3.4. Contribuciones especiales municipales

- Para financiar obras o servicios locales que incrementen el valor de los bienes inmuebles (aceras, alumbrado, pavimentación, etc.).

Conclusiones:

1. Impuestos "estatales" vs. impuestos "cedidos"

- Aunque ISD, Patrimonio e ITP-AJD figuran en la estructura estatal, en la práctica se gestionan y regulan a nivel autonómico.

2. Cesión parcial vs. cesión total

- IRPF, IVA e Impuestos Especiales se ceden en parte (generalmente, un porcentaje de la recaudación), mientras que ISD, Patrimonio e ITP-AJD están cedidos al 100%.

3. Impuestos propios

- Las CCAA pueden establecer sus propios tributos, siempre dentro del marco constitucional y sin invadir materias reservadas al Estado.

4. Tributos locales

- Los Ayuntamientos y Diputaciones Provinciales pueden establecer impuestos, tasas y contribuciones especiales, con la salvedad de que los impuestos obligatorios (IBI, IAE, IVTM) y potestativos (ICIO, IIVTNU) se recogen en la Ley Reguladora de las Haciendas Locales.

De esta forma, se ofrece una visión clara y actualizada del conjunto de figuras tributarias que integran el sistema tributario español, con los diferentes niveles de competencia (Estado, Comunidades Autónomas y Entidades Locales).

d) Preponderancia de los tipos proporcionales en la actividad empresarial ¿eficiencia tributaria?

El sistema tributario español se caracteriza por su progresividad global, como ha establecido el Tribunal Constitucional en su Sentencia 27/1981, de 20 de julio (FJ 4), pese a la coexistencia de tributos proporcionales significativos como el IVA, los Impuestos Especiales y el Impuesto sobre Sociedades. Como señala MARTÍN DELGADO[13], esta progresividad del sistema se fundamenta en que el destino final de la riqueza es su disfrute por la persona física, quedando sometido al gravamen progresivo del IRPF.

La distinción entre proporcionalidad y progresividad tiene su fundamento legal en el artículo 55 de la Ley 58/2003, General Tributaria. Como explica FERREIRO LAPATZA[14], los tipos de gravamen se clasifican en dos categorías principales: alícuotas, aplicables a bases monetarias, y tipos específicos, destinados a magnitudes físicas no monetarias.

CALVO ORTEGA desarrolla la distinción entre tipos proporcionales, que mantienen un porcentaje constante independientemente de la base imponible, y progresivos, que se incrementan con el aumento de esta[15].

Las críticas a la progresividad fiscal han sido sistematizadas por PALAO TABOADA en tres aspectos fundamentales[16]:

a) Los costes administrativos y la complejidad normativa, como evidencia la jurisprudencia constitucional sobre el tratamiento de las unidades familiares (STC 45/1989, de 20 de febrero).
b) La discrecionalidad política en la determinación de la progresividad.
c) La progresividad fiscal tiene efectos económicos desincentivadores, particularmente en relación con la inversión empresarial.

El debate entre equidad y eficiencia en la imposición se materializa especialmente en la tensión entre progresividad y proporcionalidad, donde los sistemas proporcionales o "flat-tax" ofrecen ventajas en términos de simplicidad y estímulo a la inversión, mientras que los progresivos responden mejor al principio constitucional de justicia tributaria recogido en el artículo 31.1 CE y desarrollado por la jurisprudencia constitucional[17].

---

[13] MARTÍN DELGADO, J.M., *Los principios de capacidad económica e igualdad en la Constitución española de 1978*, HPE, núm. 60, 1979, p. 66.
[14] FERREIRO LAPATZA, J.J., *Curso de Derecho Financiero Español*, 25ª ed., Marcial Pons, 2006, p. 287.
[15] CALVO ORTEGA, R., *Curso de Derecho Financiero I. Derecho Tributario*, 13ª ed., Civitas, 2009, p. 123.
[16] PALAO TABOADA, C., "Los principios de capacidad económica e igualdad en la jurisprudencia del Tribunal Constitucional español", *REDF*, núm. 88, 1995.
[17] Vid. STC 76/1990, de 26 de abril.

2. Aproximación al concepto fiscal de empresa

El concepto de "empresa" en el ámbito tributario, como señala GARCÍA NOVOA[18], constituye un concepto jurídico indeterminado que, no obstante, presenta cierta uniformidad en las distintas normas tributarias.

La definición de actividades económicas en el Impuesto sobre Actividades Económicas, recogida en el artículo 79 del Real Decreto Legislativo 2/2004, de 5 de marzo (TRLRHL), ha sido analizada por CHECA GONZÁLEZ, quien destaca los dos elementos configuradores: la ordenación por cuenta propia y la finalidad de intervención en el mercado[19].

Este concepto se mantiene en la Ley del IRPF, donde el legislador unifica el tratamiento de actividades empresariales y profesionales bajo el concepto de actividades económicas.

En el ámbito del IVA, el Tribunal de Justicia de la Unión Europea ha desarrollado esta noción en sentencias como la de 26 de marzo de 1987, Asunto C-235/85 (Comisión/Países Bajos), estableciendo que la actividad empresarial requiere tanto la ordenación autónoma de medios como la finalidad de intervención en el mercado. Esta doctrina ha sido incorporada al artículo 5 de la Ley 37/1992 del IVA.

Desde la perspectiva civilista, como explica DÍEZ-PICAZO, la empresa constituye una universalidad productiva integrada por elementos heterogéneos. Esta conceptuación ha sido respaldada por el Tribunal Supremo en su Sentencia de 13 de marzo de 2019 (rec. 1966/2017)[20].

En el ámbito mercantil, SÁNCHEZ CALERO enfatiza los elementos definitorios de la empresa: organización, ánimo de lucro y continuidad, recogiendo el principio tradicional de "una mercantia non facit mercatorem"[21].

Esta visión integradora ha sido confirmada por la jurisprudencia del Tribunal Supremo, especialmente en su Sentencia de 18 de junio de 2012 (rec. 3568/2009), que define la empresa como "un conjunto o complejo organizado

---

[18] GARCÍA NOVOA, C., "El concepto tributario de empresa", en *Estudios de Derecho Tributario en memoria de María del Carmen Bollo Arocena*, 2008, p. 37.
[19] CHECA GONZÁLEZ, C., *El Impuesto sobre Actividades Económicas*, Aranzadi, 2006, p. 45.
[20] DÍEZ-PICAZO, L., *Fundamentos del Derecho Civil Patrimonial*, Vol. I, 6ª ed., Civitas, 2007, p. 448
[21] SÁNCHEZ CALERO, F., *Instituciones de Derecho Mercantil*, 37ª ed., Thomson Reuters, 2015, p. 102

y en funcionamiento de bienes y servicios dirigidos, con la nota de habitualidad, a la obtención de un lucro derivado de la actividad mercantil"[22].

3. Formas jurídicas de empresa

La elección de la forma jurídica empresarial desde la perspectiva tributaria, como señala SANZ GADEA, constituye una decisión estratégica fundamental que debe considerar múltiples variables fiscales y económicas[23].

MARTÍN QUERALT destaca que el inicio de actividad como empresario individual presenta ventajas administrativas y procedimentales evidentes[24], aspecto confirmado por la Dirección General de Tributos en su Consulta Vinculante V0123-18.

La doctrina especializada, encabezada por FALCÓN Y TELLA[25], establece criterios objetivos para valorar la transformación en sociedad mercantil:

> a) El umbral de rendimientos anuales de 40.000€, punto en que la tributación efectiva en el IRPF (según las escalas del artículo 63 de la Ley 35/2006) supera el tipo fijo del 25% del Impuesto sobre Sociedades, como ha analizado el Tribunal Supremo en su Sentencia de 13 de marzo de 2019 (rec. 1966/2017).

> b) La mayor flexibilidad en deducciones y beneficios fiscales del IS.

SÁNCHEZ CALERO enumera las ventajas no fiscales fundamentales[26]:

a) La limitación de responsabilidad patrimonial
b) La mejora en las relaciones comerciales con grandes empresas
c) El acceso facilitado a financiación y subvenciones

Sin embargo, como advierte PÉREZ ROYO, la decisión debe individualizarse según el sector y circunstancias específicas[27]. Existen sectores con regímenes tributarios específicos, como el comercio minorista en estimación objetiva y

---

[22] Como por otra parte también apunta el mismo artículo 13.2 del RGR.

[23] SANZ GADEA, E., *Impuesto sobre Sociedades: Comentarios y casos prácticos*, CEF, 2019, p. 156

[24] MARTÍN QUERALT, J., *Curso de Derecho Financiero y Tributario*, 29ª ed., Tecnos, 2018, p. 324.

[25] FALCÓN Y TELLA, R., *Análisis de la transparencia fiscal*, Marcial Pons, 2016, p. 89.

[26] SÁNCHEZ CALERO, F., *Instituciones de Derecho Mercantil*, 37ª ed., Thomson Reuters, 2015, p. 323)

[27] PÉREZ ROYO, R., *Derecho Financiero y Tributario. Parte General*, 30ª ed., Civitas, 2020, p. 178)

recarto de equivalencia, regulado en el artículo 154 de la Ley 37/1992 del IVA. La jurisprudencia del Tribunal Supremo ha confirmado la necesidad de forma societaria en determinadas actividades de contratación pública o de alto riesgo operativo[28].

A continuación, indicamos en el siguiente recuadro los tipos y principales caracteres de las entidades utilizables para realizar una actividad económica a día de hoy:

TIPO DE EMPRESA	Nº SOCIOS	CAPITAL MÍNIMO	RESPONSABILIDAD
Agrupación de Interés Económico (AIE)	Mínimo 2	No existe mínimo legal	Ilimitada
Comunidad de Bienes	Mínimo 2	No existe mínimo legal	Ilimitada
Empresario Individual (Autónomo)	1	No existe mínimo legal	Ilimitada
Emprendedor de Responsabilidad Limitada	1	No existe mínimo legal	Limitada (protege la vivienda habitual hasta 300.000 €)
Sociedad Anónima (S.A.)	Mínimo 1	60.000 euros (mínimo el 25% desembolsado al constituirse)	Limitada
Sociedad Anónima Laboral (S.A.L.)	Mínimo 2 socios trabajadores	60.000 euros	Limitada
Sociedad Agraria de Transformación (S.A.T.)	Mínimo 3	No existe mínimo legal	Limitada
Sociedad Civil	Mínimo 2	No existe mínimo legal	Ilimitada

---

[28] Vid. STS de 15 de junio de 2016, rec. 2479/2015.

Sociedad Colectiva	Mínimo 2	No existe mínimo legal	Ilimitada
Sociedad Comanditaria por Acciones	Mínimo 2	60.000 euros	Mixta (socios colectivos: ilimitada; accionistas: limitada)
Sociedad Comanditaria Simple	Mínimo 2	No existe mínimo legal	Mixta (socios colectivos: ilimitada; socios comanditarios: limitada)
Sociedad Cooperativa	1er grado: Mínimo 3 - 2º grado: 2 cooperativas	Mínimo fijado en los estatutos	Limitada
Sociedad Cooperativa de Trabajo Asociado	Mínimo 3	Mínimo fijado en los estatutos	Limitada
Sociedad de Garantía Recíproca (SGR)	Mínimo 150 socios partícipes	10.000.000 euros	Limitada
Sociedad de Responsabilidad Limitada (S.L.)	Mínimo 1	3.000 euros	Limitada
Sociedad de Responsabilidad Limitada Laboral (S.L.L.)	Mínimo 2 en constitución y 3 a los 36 meses	3.000 euros	Limitada
Sociedad Limitada Nueva Empresa (S.L.N.E.)	De 1 a 5	Entre 3.000 y 120.000 euros	Limitada
Sociedad Limitada de Formación Sucesiva (S.L.F.S.)	Mínimo 1	No existe mínimo legal, pero con obligaciones adicionales para proteger a terceros	Limitada
Entidades de Capital-Riesgo	Al menos 3 miembros en el	Sociedades de Capital Riesgo:	Limitada

	Consejo de Administración	1.200.000 €. Fondos de Capital Riesgo: 1.650.000 €	
Sociedades Profesionales	Mínimo 1	Según la forma social que adopte (S.L. o S.A.)	Limitada

Además, mención especial requiere la afirmación de que existen formas de compartir gastos con una «pátina» organizativa y social. Como utilizar entidades del 35.4 LGT, como comunidades de bienes.

Muchos despachos de abogados o notarios con convenio adoptan esta forma, con las siguientes consecuencias:

- Las rentas se atribuirán a los socios, herederos, comuneros o partícipes según las normas o pactos aplicables en cada caso y, si éstos no constaran a la Administración tributaria en forma fehaciente, se atribuirán por partes iguales. Por ejemplo, es típico el caso de dos empresarios autónomos convenidos, en este caso, la comunidad de bienes no es contribuyente del IS, lo serán sus partícipes en la proporción pactada en sus respectivos IRPFs, como actividad económica, porque las rentas tendrán la naturaleza derivada de la actividad o fuente de donde procedan para cada uno de ellos.

- La comunidad de bienes es contribuyente de IVA: la facturación se realizará a nombre de la CB; aunque ellos puedan facturar independientemente como autónomos trabajos que queden fuera de los acordado en el documento constituyente.

4. El empresario como obligado tributario.

Los obligados tributarios son los destinatarios pasivos del ordenamiento jurídico-tributario en su más amplia acepción, esto es, quienes soportan la obligación de pago y/o cualquier otro deber relacionado con la aplicación de los tributos.

En cuanto a la naturaleza jurídica de los obligados tributarios, pueden serlo las personas naturales o jurídicas, y también, de acuerdo con el apartado 4 del artículo 35 de la propia LGT, «en las leyes tributarias en que así se establezca, las herencias yacentes, comunidades de bienes y demás entidades que, carentes de personalidad jurídica, constituyan una unidad económica o un patrimonio separado, susceptibles de imposición». La paradoja de que entidades carentes de personalidad jurídica (y por lo tanto sin la posibilidad de ser en, abstracto, titulares de derechos y obligaciones) puedan ser obligados tributarios, ha dado lugar a una amplia literatura a la que no puede hacerse aquí sino una escueta referencia. Al respecto resulta convincente la opinión de CORTÉS DOMÍNGUEZ, en el sentido de que estas entidades carecen de personalidad, pero están dotadas de subjetividad, esto es, pueden ser titulares de los derechos y obligaciones que concreta y expresamente les atribuyan las leyes, para facilitar así el cumplimiento del ordenamiento jurídico-tributario[29].

Como característica que cabe predicar de todos los obligados tributarios, debe aludirse, también, al denominado principio de indisponibilidad de las situaciones jurídicas subjetivas que consagra implícitamente el artículo 18 de la LGT, para el cual, y con carácter general, «el crédito tributario es indisponible salvo que la ley establezca otra cosa» ; y explícitamente el apartado 5 del artículo 17 de la misma LGT, según el cual «los elementos de la obligación tributaria no podrán ser alterados por actos o convenios de los particulares, que no producirán efectos ante la Administración, sin perjuicio de sus consecuencias jurídico-privadas» .

Una vez expuestas las características con que la LGT configura a los sujetos pasivos, su recapitulación nos recuerda que se refieren al origen de su condición de obligados y al contenido o alcance de su posición deudora, que son los dos aspectos que, como se indicó, deben abordarse para conocer la configuración de cada obligado tributario. Analizado suficientemente, el segundo de estos aspectos, es evidente que un conocimiento riguroso de su configuración exige profundizar en el origen de su condición de sujetos pasivos, ya que resulta a todas luces insuficiente la escueta mención del artículo 36.1 de la LGT atribuyéndoselo sin más a la ley. Al respecto debe indicarse que, aun cuando la LGT no lo diga expresamente, del análisis pormenorizado de su contenido y de las leyes que regulan las concretas figuras tributarias, así como de la propia lógica jurídica, se infiere que los sujetos pasivos adquieren tal posición deudora en virtud de su relación o vinculación jurídica con la situación descrita en el hecho imponible del tributo. Esta conclusión se desprende de lo establecido en las leyes reguladoras de los diferentes tributos, y más difusamente de la lectura

---

[29] CORTÉS DOMÍNGUEZ, M., *Ordenamiento Tributario Español*, 4ª ed., Civitas, 1985, p. 325

del apartado 2 del propio artículo 36 de la LGT, que vincula el hecho imponible con la figura del contribuyente –que es, según el apartado 1 del mismo artículo 36 de la LGT, una modalidad de sujeto pasivo–, cuando establece que el contribuyente «realiza el hecho imponible». También se desprende indirectamente del artículo 35.7 de la LGT, que se refiere a «la concurrencia de varios obligados tributarios en un mismo presupuesto de una obligación...».

En definitiva, los empresarios, independientemente de la forma jurídica por la que obtengan tal condición, pueden ser obligados tributarios, simplemente basta con que sean señalados en la situación descrita en el hecho imponible de la norma del tributo.

Ahora bien, en rigor esta vinculación con el hecho imponible es común a todos los obligados principales, por lo que conviene precisar más esa relación con el hecho imponible, y en concreto su relación con la capacidad económica que pretende gravar el tributo. Este criterio es particularmente relevante cuando el hecho imponible lo constituyen negocios jurídicos bilaterales –por ejemplo, cuando se gravan las compraventas–, y son varias las personas que se relacionan con el hecho imponible, supuesto en que las leyes han de optar entre ellos –en el ejemplo anterior, entre el comprador y el vendedor–. Y se puede concluir que, de entre los relacionados con el hecho imponible, la condición de sujetos pasivos recaerá en aquellos a quienes resulte más fácil exigir las prestaciones materiales y formales del respectivo tributo, incluso aunque no sean los titulares de la capacidad económica que se grave en dicho tributo. No obstante, como la ley no puede desconocer las exigencias del principio de capacidad económica plasmado en el artículo 31.1 de la CE, en los casos en que el sujeto pasivo no sea el titular de la capacidad económica que grava el tributo, la propia ley ha de posibilitarle el resarcimiento de la deuda soportada, lo que origina la aparición, como veremos, de otros obligados tributarios principales distintos de los sujetos pasivos. Resultará clarificador algún ejemplo. La ley del ITPO es un impuesto indirecto que grava, de acuerdo con su hecho imponible, las transmisiones patrimoniales onerosas efectuadas por particulares que no son empresarios, siendo sujetos pasivos los que adquieren los bienes, que a su vez son los titulares de la capacidad económica que fundamenta este Impuesto. Distinta es la situación en el IVA, impuesto indirecto asimismo en el que se gravan, de acuerdo con su hecho imponible, las transmisiones de bienes efectuadas por empresarios o profesionales, siendo sujetos pasivos los transmitentes (esto es, los empresarios o profesionales), porque resulta más eficaz hacerles cumplir el Impuesto a ellos que a los adquirentes (es más fácil, por ejemplo, controlar a los concesionarios vendedores de vehículos que a todos y cada uno de sus compradores); pero como los transmitentes no son titulares de la capacidad económica que fundamenta el IVA (el consumo), la propia ley del impuesto exige que los sujetos pasivos repercutan la deuda tributaria a los adquirentes (consumidores) de los bienes gravados. El último inciso del artículo 36.1 de la LGT contempla precisamente esta posibilidad señalando que «no perderá la condición de sujeto pasivo quien deba repercutir la cuota tributaria a otros obligados...».

PREGUNTAS TEST TEMA 1. LA EMPRESA EN EL SISTEMA TRIBUTARIO

1. En materia fiscal ¿Cuál de estas afirmaciones es correcta?

a) El principio de igualdad no se encuentra respaldado por el Tribunal Constitucional

b) La Ley puede establecer un trato desigual siempre que se encuentre justificado de una forma objetiva

c) El principio de igualdad es totalmente independiente de cualquier otro principio inspirador de nuestro sistema tributario

d) La garantía del principio de igualdad corresponde única y exclusivamente a los ciudadanos, no a los poderes públicos

2. El sistema tributario de las CCAA:

a) Sólo lo integran impuestos cedidos por el Estado

b) Las CCAA no pueden establecer su propio sistema tributario

c) El IRPF es un impuesto cedido parcialmente a las CCAA

d) Ninguna de las afirmaciones anteriores es correcta

3. Los Ayuntamientos:

a) Establecen y recaudan únicamente los impuestos medioambientales

b) Tienen su propio sistema tributario municipal

c) Sólo pueden exigir impuestos de carácter obligatorio

d) Todas las afirmaciones anteriores son correctas

4. El concepto de empresa:

a) Existe un concepto fiscal de empresa en la LGT

b) Sólo hace referencia a la ordenación por cuenta ajena de los factores de producción

c) No se asemeja, en ningún caso, con el concepto de explotación o actividad económica

d) Ninguna de las opciones anteriores es correcta

5. En relación a las formas jurídicas de empresa:

a) Una sociedad anónima no es una empresa

b) Los empresarios individuales no se pueden considerar "empresa"

c) Existen multitud de formas jurídicas de empresa

d) Todas las respuestas son correctas

6. El empresario:

a) Puede ser contribuyente pero no obligado tributario

b) Puede ser obligado tributario, pero no contribuyente

c) No es el sujeto pasivo de ningún impuesto

d) Los empresarios, independientemente de la forma jurídica por la que obtengan tal condición, pueden ser obligados tributarios

7. Forman parte del sistema tributario español:

a) Los impuestos, las tasas y las contribuciones especiales, pero sólo del sistema tributario estatal y autonómico, no del municipal

b) Los impuestos, las tasas y las contribuciones especiales

c) Los impuestos, las tasas y las contribuciones especiales sólo forman parte del sistema tributario municipal

d) Sólo forman parte del sistema tributario español los impuestos

8. Según la Constitución Española:

a) La tributación podrá ser superior a la renta o patrimonio gravado

b) Conforme aumente la riqueza se impondrá una carga tributaria menor

c) Pueden existir discriminaciones arbitrarias a la hora de imponer tributos

d) La carga tributaria se debe establecer conforme a la riqueza que se ponga de manifiesto

9. El Ordenamiento Jurídico-tributario se encuentra inspirado, entre otros, por:

a) Los principios de igualdad, no confiscatoriedad y progresividad

b) No rige el principio de progresividad, sino siempre el de proporcionalidad

c) A iguales situaciones, igual carga tributaria, sin excepciones

d) Todas las respuestas son incorrectas

10. Para que exista una empresa:

a) Es necesario que exista una estructura organizada de medios personales y materiales

b) Es imprescindible la habitualidad

c) Se requiere la intencionalidad de intervenir en la producción o distribución de bienes y servicios

d) Todas las respuestas son correctas

TEMA 2. EL INICIO DE LA ACTIVIDAD ECONÓMICA

1. Obligaciones censales

a) La gestión censal de la actividad económica

Las denominadas «obligaciones censales» derivan de la sujeción al Impuesto sobre Actividades Económicas. Así, los obligados tributarios que vayan a realizar actividades u operaciones empresariales o profesionales o abonen rendimientos sujetos a retención deben solicitar, antes del inicio, su inscripción en el Censo de Empresarios, Profesionales y Retenedores.

El Impuesto sobre Actividades Económicas (en adelante, IAE) es un tributo directo de carácter real y obligatorio, cuya regulación básica se encuentra recogida en los artículos 78 a 91 del TRLRHL y normativa que regula las tarifas del impuesto.

Su hecho imponible está constituido por el mero ejercicio en territorio nacional de actividades empresariales, profesionales o artísticas, se ejerzan o no en local determinado y se hallen o no especificadas en las tarifas del impuesto. Es irrelevante la habitualidad o no en el ejercicio de la actividad y la existencia o no de ánimo de lucro o incluso de beneficio. Eso sí, deben suponer la ordenación de medios de producción o recursos humanos, por cuenta propia, con la finalidad de intervenir en la producción o distribución de bienes o servicios.

Ahora bien, el IAE establece unas exenciones cuyo ámbito es amplísimo. Por ejemplo: los sujetos pasivos que inicien el ejercicio de su actividad en territorio español, durante los dos primeros períodos impositivos de este impuesto en que se desarrolle aquélla (artículo 82.1 b) del Texto refundido de la Ley Reguladora de las Haciendas Locales). Los siguientes sujetos pasivos (artículo 82.1 c) del Texto refundido de la Ley Reguladora de las Haciendas Locales): Las personas físicas, los sujetos pasivos del Impuesto sobre Sociedades, sociedades civiles y entidades sin personalidad jurídica que constituyan una unidad económica o un patrimonio separado susceptible de imposición (artículo 35.4 de la Ley General Tributaria), que tengan un importe neto de la cifra de negocios inferior a 1.000.000 de euros, los contribuyentes por el Impuesto sobre la Renta de No Residentes que operen en España mediante establecimiento permanente siempre que tengan un importe neto de la cifra de negocios inferior a 1.000.000 de euros.

La amplitud del hecho imponible y la amplitud de sus exenciones derivan en que quedar sujeto pero exento es sencillo. Sin embargo, estar sujeto, pero exento del IAE conlleva el cumplimiento de las «obligaciones censales» del mismo y solicitar la inclusión en el censo por realizar una actividad económica.

El IAE es un impuesto de gestión compartida entre la Administración tributaria del Estado, que tiene atribuida la gestión censal, y la Administración tributaria local, que tiene atribuida su gestión tributaria. Por tanto, en cuanto al censo, nos relacionaremos –existe alguna excepción– con la Administración del Estado y si no es aplicable alguna de las exenciones, pasaremos a la gestión, en la que nos relacionaremos con la Hacienda municipal.

Por tanto, las personas o entidades que vayan a desarrollar en territorio español actividades empresariales o profesionales o satisfagan rendimientos sujetos a retención deberán comunicar a través de las declaraciones censales, modelos 036 o modelo 037, su alta en el Censo de empresarios, profesionales y retenedores (en los términos del artículo 90.1 TRLRHL), las modificaciones que se produzcan en su situación tributaria –si ya la desarrollan–, incluyendo la modificación del domicilio fiscal o social, y la baja en dicho censo (art. 90.2, párrafo segundo, TRLRHL).

En los modelos, se cumplimentan los datos de la persona o entidad. Y se marca la casilla 111 de alta en el censo de empresarios, profesionales y retenedores cuando se inicie por primera vez una actividad empresarial o profesional. El inicio de nuevas actividades, estando ya de alta en el censo, se comunicará marcando la casilla 127. Además, se tendrá que incluir un epígrafe de actividad de las tarifas del IAE.

Su presentación puede realizarse en las oficinas físicas correspondientes o mediante la plataforma de presentación telemática de la Agencia Tributaria, para lo que será necesario que el abogado esté en posesión de la firma digital o electrónica (certificado emitido por la FNMT, de clase 2CA o cualquier otro válido para la presentación de declaraciones en la plataforma de la Agencia Tributaria). En este punto es conveniente resaltar las facilidades que comporta disponer de la firma digital, así como el ahorro en tiempo y costes derivados de los desplazamientos y esperas en las oficinas de atención presencial, ya que permite realizar todos los trámites, pagos, y presentación de declaraciones y formularios mediante la plataforma electrónica, facilitando en cierta medida las ya de por sí costosas y complicadas obligaciones fiscales y tributarias.

Con independencia de que la persona o entidad solicitante no esté obligada a la presentación de la declaración censal de alta en el Censo de Empresarios, Profesionales y Retenedores se utilizará el modelo 036 para solicitar la asignación del número de identificación fiscal provisional o definitivo. La asignación del número de identificación fiscal, a solicitud del interesado o de oficio, determinará la inclusión automática en el Censo de Obligados Tributarios de la persona o entidad de que se trate.

Los modelos censales también sirven para comunicar, optar o renunciar a los regímenes y obligaciones tributarias respecto del IRPF, IS y del IVA y otras según corresponda. Y la inclusión en registros específicos como el Registro de operadores intracomunitarios (ROI), el Registro de Grandes Empresas y el Registro de Devolución Mensual (REDEME), el CAE (Impuestos especiales de fabricación), CAC (Impuesto especial sobre el carbón) y CIE (Impuesto especial sobre la electricidad), entre otros.

No obstante, las personas físicas que deban formar parte del censo de empresarios, profesionales y retenedores podrán utilizar el modelo 037 de declaración censal simplificada, cuando cumplan determinadas condiciones:

- sean residentes en España

- tengan asignado un Número de Identificación Fiscal

- no tengan la condición de gran empresa

- no actúen por medio de representante

- su domicilio fiscal coincida con el de gestión administrativa

- no estén incluidos en los regímenes especiales del Impuesto sobre el Valor Añadido, a excepción del régimen simplificado, régimen especial de la agricultura ganadería y pesca o régimen especial de recargo de equivalencia

- o figuren inscritos en el registro de operadores intracomunitarios o en el de devolución mensual del IVA

- no realicen ninguna de las adquisiciones intracomunitarias de bienes no sujetas previstas en el artículo 14 de la Ley del Impuesto sobre el Valor Añadido

- no realicen ventas a distancia

- no sean sujetos pasivos de Impuestos Especiales ni del Impuesto sobre Primas de Seguros

- no satisfagan rendimientos de capital mobiliario

Por tanto, a grandes rasgos, el modelo 037 podrá ser utilizado por empresarios personas físicas que cumplan las condiciones antedichas. Lo que se ajusta perfectamente a los profesionales como los abogados.

Por último, señalar que la declaración censal de alta en el censo de empresarios profesionales y retenedores podrá realizarse mediante la utilización del Documento Único Electrónico (DUE), en aquellos casos en que la normativa autorice su uso, sin perjuicio de la presentación posterior de las declaraciones de modificación y baja que correspondan, en la medida en que varíe o deba ampliarse la información y circunstancias reflejadas en dicho Documento Único Electrónico. Esto ocurre de manera habitual al constituir una sociedad en una notaría, allí te confeccionan el DUE y, por tanto, no es necesario utilizar el 036, con posterioridad.

b) Trámites previos al inicio de la actividad de un abogado, la declaración censal

El abogado que presta sus servicios por cuenta propia, debe cumplir con las obligaciones fiscales y de naturaleza tributaria derivadas del ejercicio de su actividad profesional, desde el momento en que comunica a la Administración, el comienzo de dicho ejercicio, mediante la presentación del Modelo 036 o 037 en la Agencia Tributaria. Con la comunicación del alta de la actividad, nacen para el abogado una serie de obligaciones formales y económicas que deben liquidarse trimestralmente, con la presentación de los modelos correspondientes, y la liquidación o ingreso de las cuotas correspondientes de IRPF (retenciones si tiene empleados, por ejemplo) e IVA.

Estaría, por tanto, sujeto, pero exento, al IAE, que es un impuesto de carácter local o municipal, como hemos señalado, y que actualmente no tiene trascendencia económica en la mayoría de los casos, ya que existen exenciones muy amplias para quien ejerza una actividad económica, no obstante, no exime de la obligación de alta censal y comunicar el epígrafe de IAE bajo el que se desarrolla la actividad económica, además de múltiples características y datos de la actividad.

En el modelo de alta o de inicio de actividad, el abogado debe darse de alta en el Impuesto de Actividades Económicas (IAE), bajo el epígrafe 731 (abogados) o 841 (servicios jurídicos) si se fuera a ejercer la actividad de manera asociada.

En concreto se utilizará usualmente el modelo simplificado 037, y su cumplimentación se realizará entrando en la página web de la Agencia Tributaria:
https://www.agenciatributaria.gob.es/AEAT.sede/procedimientoini/G322.sht ml

Normalmente, para proceder a la cumplimentación y presentación del alta censal de manera telemática debemos acceder a: cumplimentación y presentación telemática 037. Sin embargo, si se quiere presentar de manera presencial en las Oficinas de la AEAT debemos acceder a: Cumplimentación, validación y obtención en PDF para su impresión 037.

La **cumplimentación del modelo 037** para un alta en el censo como abogado, se realizará:

- Primera página del modelo 037:

En "DATOS IDENTIFICATIVOS" se cumplimentan las CASILLAS 101,102 Y 103.

Dentro del apartado 1: CAUSAS DE PRESENTACIÓN

En el apartado A. Cumplimentamos datos personales y marcamos la casilla 111 de Alta, como causa de presentar el modelo.

Apartado B: Modificaciones: no se cumplimenta.

Apartado C: Baja: no se cumplimenta.

Dentro del apartado 2 "IDENTIFICACIÓN"

- Datos identificativos pormenorizados

- Datos de teléfono y direcciones electrónicas para recibir avisos.

- Domicilio Fiscal en España.

En la web de la AEAT no se debe presionar el botón de validar hasta que se finalice la última página del modelo. Si se presiona antes de terminar, la versión telemática la enviará a Hacienda, si es la versión en papel creará el pdf.

- Segunda página del modelo 037:

Esta sección trata sobre los tributos a los que estará obligado a responder el empresario o profesional.

En el apartado 3. Impuesto sobre la renta de las personas físicas. Se debe marcar la CASILLA 600 (Alta) y la CASILLA 602 (fecha de alta en el censo).

En Estimación directa "simplificada" CASILLA 609 y CASILLA 650 (se debe poner la misma fecha que en la casilla 602). Es lo corriente porque te puedes sujetar a la estimación directa simplificada si: a) durante el año anterior, el importe neto de la cifra de negocios del conjunto de todas las actividades no supere los 600.000 euros anuales b) cuando la actividad profesional no esté incluida en el régimen de estimación objetiva c) no renuncie a este régimen d) no se ejerza ninguna actividad sometida al régimen de Estimación Directa normal, algo que le obligaría a utilizar este método de determinación del IRPF para todas las actividades económicas. Las ventajas son La forma en que se lleva la contabilidad -únicamente está obligado a llevar libros-registro-. En cómo se imputan gastos deducibles -se puede aminorar el rendimiento neto en un 5%, aplicando lo que se denomina "Gastos de difícil justificación"-. Y en cómo se amortizan los gastos relacionados con compras necesarias para la actividad. En el caso de la estimación directa simplificada la amortización se realiza de forma lineal, mientras que en estimación directa normal se puede realizar con cuotas fijas o variables en el tiempo, lo que da cierta flexibilidad contable que puede utilizarse de uno u otro modo en función de la situación de la actividad.

En el punto 4 en la sección actual, se cumplimentará toda la información relacionada con la liquidación de IVA. Es muy importante establecer el inicio de actividad cumplimentando la CASILLA 502 y 503 (se debe poner la misma fecha que en casilla 602, 650).

En el apartado C. Se debe marcar la CASILLA 510 (ALTA) General y la CASILLA 512 (fecha de las casillas 602,650,503). Grupo epígrafe/ sección IAE (731/2).

- Tercera página del modelo 037:

En esta página se incluyen los puntos 5 y 6, sobre retenciones e ingresos a cuenta y declaración de actividades económicas, respectivamente.

En cuanto a las retenciones, te darás de alta aquí para presentar el modelo 111 y el modelo 115 de retenciones a profesionales y alquileres. En los casos de tener a alguien contratado con contrato de trabajo, el modelo 111. Y si estás desarrollando tu actividad empresarial en una oficina o local de trabajo alquilado, como arrendatario tienes la obligación de declarar a Hacienda las retenciones que prácticas en el pago del alquiler con el modelo 115.

A continuación, cumplimenta todos los datos sobre la actividad que vas a desarrollar en la casilla 400 (ABOGADOS) y pon el grupo/epígrafe de IAE en la CASILLA 402 (731/2) a la que pertenece tu actividad, así como su código.

En la CASILLA 403 referente al Tipo de actividad (PROFESIONALES) y CASILLA 404 código de actividad (5).

En el apartado b) lugar de realización de la actividad: este apartado se cumplimenta si vais a desarrollar vuestra actividad en un local determinado se deben cumplimentar las CASILLAS 413,414,415,418,419 Y 420.

Si vais a desarrollar vuestra actividad en vuestro domicilio y vais a acondicionar un espacio dentro de él para desarrollar la actividad, en este caso debéis rellenar las CASILLAS 422 y CASILLA 423 (grado de afectación del domicilio).

Este trámite es indispensable para que como profesional o autónomo se puedan deducir los gastos y los suministros derivados del desarrollo de la actividad.

> 1. El profesional o autónomo se puede deducir los gastos derivados de la titularidad de dicha vivienda en proporción a la parte de la misma que quede afectada a la actividad económica. Por ejemplo, será posible la deducción de gastos como el Impuesto sobre Bienes Inmuebles, la comunidad de propietarios, la tasa de basuras o el alquiler. Con respecto a la deducción de los gastos ligados a la vivienda del profesional o autónomo en la que este desarrolle su actividad, nos detendremos, en especial, en tres cuestiones:
>
> - La deducción del alquiler.

- La deducción de la hipoteca.

- La deducción en caso de vivienda ganancial.

- La deducción del alquiler de la vivienda

El profesional o el autónomo podrá deducirse la parte del alquiler proporcional a la parte del inmueble que dedique y haya afectado al desarrollo de la actividad económica. Para ello, sin embargo, será necesario que se cumplan los siguientes requisitos:

a) El autónomo debe poner en conocimiento de la Agencia Tributaria a través de los modelos 036 y 037 en qué espacio desarrolla su actividad, esto es, debe «afectar» la vivienda en cuestión a la actividad que desarrolla. En estos modelos tendrá que especificar los metros cuadrados de la vivienda que dedica al negocio. Lo habitual es que se dediquen una o dos habitaciones, en torno al 15-30 por ciento de la vivienda. El 30 por ciento suele ser el máximo que acepta la Agencia Tributaria, pero si el autónomo dedica mayor porcentaje de superficie y puede probarlo, no habría inconveniente en que la afectación fuese mayor. Hay que tener en cuenta que existen estancias dentro de una vivienda que son destinadas de manera principal a la realización de actividades privadas, de ocio o personales, por ejemplo, el salón, la cocina o los baños. Es por ello que el exceso del 30 por ciento de la vivienda se muestra, en la inmensa mayoría de casos, como inasumible.

b) Es imprescindible también que el contrato de arrendamiento esté a nombre del autónomo y que el casero le expida dos facturas (o una en la que aparezca desglosado): una con IVA (ya que el alquiler de locales para negocios se grava con este impuesto) y otra sin él, que el autónomo ha de incluir en sus libros contables.

- La deducción de la hipoteca

Si el profesional o el autónomo está pagando una hipoteca sobre la vivienda afecta a la actividad, podrá deducirse este gasto aplicando la misma regla proporcional, hasta un máximo del 30 por ciento, a menos que pruebe que realmente destina al negocio una superficie mayor de la vivienda. El profesional o el autónomo no solo podrá deducirse los intereses del préstamo hipotecario, sino también las amortizaciones por el desgaste del inmueble y otros gastos asociados, como los gastos del seguro de hogar e incluso los impuestos locales como el IBI.

- La deducción en caso de vivienda ganancial

En el caso de que el cónyuge empresario o profesional utilice bienes gananciales en el desarrollo de su actividad, como podría ser la vivienda, el artículo 29 de la LIRPF establece que se considerarán como elementos patrimoniales afectos a la actividad con independencia de que su titularidad pueda ser común a ambos cónyuges en caso de matrimonio. Así, la afectación del inmueble recaerá sobre todo el inmueble, incluso en el caso de que el otro cónyuge no desarrolle la actividad. Por lo tanto, la utilización de bienes o derechos gananciales por el cónyuge empresario o profesional en el desarrollo de su actividad no dará lugar a un gasto deducible para este ni a un rendimiento del capital para el otro cónyuge por la cesión del uso realizada sobre la parte de la vivienda de su propiedad.

2. Respecto a los suministros, el profesional o autónomo que trabaje desde casa solo podrá deducirse el 30 por ciento de los gastos en suministros correspondientes al porcentaje de la vivienda que tenga afectada al desarrollo de la actividad, y no el 30 por ciento de los gastos en suministros del total de la vivienda.

Si la vivienda habitual de un contribuyente tiene 100 metros cuadrados y este afecta 40 metros cuadrados a la actividad económica que desarrolla, ¿qué importe de los suministros podrá deducirse en el IRPF si el gasto anual total por suministros fue de 4.500 euros?

Primero habrá que calcular el porcentaje de la vivienda que está afecto a la actividad económica: 40 m² / 100 m² = 40 %.

El contribuyente podrá deducirse el 30 por ciento de los gastos de suministros correspondientes a ese 40 por ciento de la vivienda, por lo que su porcentaje de deducción será el siguiente: 30 % x 40 % = 12 %.

Por lo tanto, podrá deducirse los siguientes gastos de suministros: 4.500 euros x 12 % = 540 euros.

Por último, se incluye el lugar, fecha y firma en la declaración.

El alta censal se adjuntará a vuestra solicitud de Colegiación.

A partir de la inclusión como abogado en el censo del IAE –en el que, normalmente, en el pago estará exento, pero no de las obligaciones formales– se le sujetará determinados tributos por activación de los hechos imponibles (prestación de servicios) correspondientes.

2. Exención y declaración por ITPyAJD, modalidad Operaciones societarias

El caso de la constitución de sociedades se encuentra sujeto y exento según el artículo 45. I. B) 11 del Real Decreto Legislativo 1/1993, de 24 de septiembre, por el que se aprueba el Texto refundido de la Ley del Impuesto sobre Transmisiones Patrimoniales y Actos Jurídicos Documentados (en adelante, LITPyAJD), de la modalidad de Operaciones Societarias del Impuesto sobre Transmisiones Patrimoniales y Actos Jurídicos Documentados, pero, al igual que ocurría en el caso precedente existe obligación formal de presentar la declaración del Impuesto para la inscripción de dicha sociedad en el Registro Mercantil correspondiente (si es el caso).

El modelo que se debe cumplimentar es el modelo 600, indicando que se trata de un supuesto de declaración sin ingreso al existir una exención, señalando el precepto en el que se ampara dicha exención, y presentarlo en el plazo máximo de 30 días desde la firma de escritura.

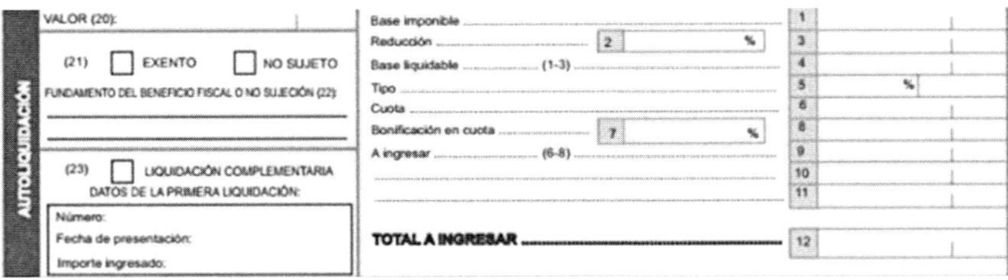

La presentación con la cumplimentación del mismo se realizará telemáticamente en las diferentes webs de las CCAA o generando un pdf y presentándolo en las Consejerías de Hacienda de las CCAA, donde se encuentre domiciliada la empresa, al encontrarse cedido el impuesto a las mismas en su gestión. O mediante la ventanilla única empresarial.

3. Obligaciones contables

La Ley establece para los empresarios, cualquiera que sea su forma, individual o societaria, la obligación de llevar la contabilidad conforme a lo previsto en el Código de Comercio o con lo establecido en las normas por las que se rigen.

El Código de Comercio obliga a llevar dos libros contables:

El libro diario, en el que se anota cronológicamente, día a día, el importe de todas las operaciones realizadas en desarrollo de la actividad empresarial. También puede realizarse anotación conjunta de los totales de las operaciones por períodos no superiores al mes, su detalle se registra en libros o registros concordantes.

El libro de inventarios y cuentas anuales. Este libro debe abrirse con el balance inicial detallado de la empresa (primer estado contable), transcribiendo con una periodicidad al menos trimestral, con sumas y saldos, los balances de comprobación (segundo estado contable). En él han de asentarse anualmente el inventario de cierre del ejercicio (tercer estado contable) y las cuentas anuales (último estado contable).

El último estado contable, al cierre de cada ejercicio contiene las cuentas anuales: balance, cuenta de pérdidas y ganancias, estados de cambio en el patrimonio neto, estados de flujo de efectivo y la memoria. Las cuentas anuales son el instrumento contable más importante para el IS, ya que sirven de partida para la configuración de su BI.

Además de los libros de llevanza obligatoria se podrán llevar de forma voluntaria, los libros y registros según el sistema contable adoptado, o la naturaleza de su actividad.

La contabilidad y los denominados «libros-registro», dependen tanto del régimen de determinación del rendimiento como del tipo de actividad de que se trate:

Por ejemplo, los empresarios mercantiles en estimación directa normal están obligados a la llevanza de la contabilidad ajustada al Código de Comercio y al Plan General de Contabilidad.

Por otro lado, los empresarios no mercantiles en estimación directa normal y todos los empresarios en estimación directa simplificada deben tener los siguientes libros-registro en los que efectuarán sus apuntes: libro registro de ventas e ingresos, libro registro de compras y gastos y libro registro de bienes de inversión.

Los profesionales en estimación directa, en cualquiera de sus modalidades deben llevar: libro registro de ingresos, libro registro de gastos, libro registro de bienes de inversión y libro registro de provisiones de fondos y suplidos.

Y, por último, los empresarios y profesionales en estimación objetiva: libro registro de bienes de inversión (únicamente los contribuyentes que deduzcan amortizaciones) y libro registro de ventas e ingresos (únicamente los titulares de actividades cuyo rendimiento neto se determinen función del volumen de operaciones, es decir, titulares de actividades agrícolas, ganaderas, forestales accesorias y de transformación de productos naturales).

Por otra parte, se establece la obligación de llevar y legalizar ciertos "libros societarios": libro de actas, libro de acciones nominativas en las sociedades anónimas y comanditarias por acciones, libro registro de socios en las sociedades de responsabilidad limitada.

Legalización de los libros contables: los libros obligatorios en formato papel o digital en soporte informático se legalizan en el Registro Mercantil del domicilio social de la entidad en los 4 meses siguientes a la fecha de cierre del ejercicio (30 de abril para ejercicios que coinciden con el año natural).

La legalización se podrá realizar en papel, presentación digital (CD o DVD) o por Internet con certificado electrónico.

Conservación de los libros: la Ley General Tributaria (LGT) impone el deber de conservar los libros relativos al negocio, debidamente ordenados, durante 6 años, desde su último asiento, salvo que una norma exija otro plazo. El plazo de conservación se aplica igualmente en caso de cese del empresario. En caso de disolución de la sociedad, el deber de conservación recae sobre los liquidadores.

Asimismo, la LGT y el Código de Comercio exigen la conservación de la correspondencia, documentación y justificantes del negocio durante 6 años, desde el día en que se cierran los libros con los asientos que justifican.

En definitiva, los Libros Registro que tienes que llevar dependen de la actividad que realices y del régimen que utilices para determinar el rendimiento.

- Los libros deberán contener, entre otros datos, el número de factura, la fecha de expedición, el NIF de la contraparte de la operación, el concepto, el importe, la descripción del bien, el valor de adquisición etc.

- Los libros, entre otros requisitos, deberán llevarse con claridad, exactitud, por orden de fechas, sin raspaduras ni tachaduras, reflejando las anotaciones en euros, etc.
- Los libros se pueden llevar por medios electrónicos o informáticos conservando los ficheros y programas que sirvan de soporte.
- Los libros registro de IRPF pueden ser compatibles con los de IVA, añadiendo para ello los datos necesarios. Llevarlos conjuntamente no supone tener que cumplir requisitos adicionales a los que se exigen si los llevas por separado.

La Agencia Tributaria pone a disposición del contribuyente un formato tipo de libros registro normalizado[30] que puedes utilizar para:

- Llevar conjuntamente los libros de IVA e IRPF.

- Importar los libros registro dentro de Renta Web para cumplimentar los apartados de los rendimientos de las actividades económicas en estimación directa y, de las retenciones practicadas.

4. Obligaciones de facturación

a) Obligación de facturar y tipos de factura

La obligación de facturar de los empresarios y profesionales se recoge en el artículo 29.2.e) de la Ley 58/2003, de 17 de diciembre, General Tributaria, en el artículo 164, apartado Uno, número 3° de la Ley 37/1992, de 28 de diciembre, del Impuesto sobre el Valor Añadido y, en el artículo 2.1 del Reglamento por el que se regulan las obligaciones de facturación aprobado por el artículo primero del Real Decreto 1619/2012, de 30 de noviembre.

Los empresarios y profesionales están obligados a expedir factura y copia de ésta por las entregas de bienes y prestaciones de servicios que realicen en desarrollo de su actividad y a conservar copia de la misma. También deben expedir factura en los supuestos de pagos anticipados, excepto en las entregas intracomunitarias de bienes exentas.

---

[30] Sobre el formato electrónico normalizado de los libros electrónicos tenemos un amplio manual en la página web de la Agencia Estatal de la Administración Tributaria: https://www.agenciatributaria.es/static_files/AEAT_Desarrolladores/EEDD/IVA/Mod_303/ 2020/Formato_Electronico_Comun_Libros_Registro_IVA_IRPF.pdf

Respecto a los tipos de factura, diferenciaremos entre factura simplificada (antiguos *tickets*) y completa, por su ámbito objetivo y contenido. También haremos referencia a las facturas rectificativas y a las electrónicas.

Las facturas simplificadas están restringidas a los siguientes supuestos:

• Facturas cuyo importe no supere los 400 euros (IVA incluido)

• Facturas rectificativas.

• Las autorizadas por el Departamento de Gestión Tributaria.

• Operaciones en las que el Reglamento de facturación anterior, aprobado por el RD 1496/2003, permitía la expedición de tiques (operaciones que no excedan de 3.000 euros, IVA incluido): Ventas al por menor, Ventas o servicios en ambulancia, Ventas o servicios a domicilio del consumidor, Transporte de personas y sus equipajes, Servicios de hostelería y restauración prestados por restaurantes bares y similares, así como el suministro de comidas y bebidas para consumir en el acto, Salas de baile y discotecas, Servicios telefónicos prestados mediante cabinas o tarjetas magnéticas o electrónicas recargables que no permitan la identificación del portador, Servicios de peluquerías e institutos de belleza, Utilización de instalaciones deportivas, Revelado de fotografías y servicios prestados por estudios fotográficos, Aparcamiento de vehículos, Servicios de videoclub, Tintorerías y lavanderías, Autopistas de peaje.

El contenido de la factura simplificada, es el siguiente:

a) Número y, en su caso, serie.

b) Fecha de expedición.

c) Fecha de operación si es distinta de la de expedición.

d) NIF y nombre y apellidos, razón o denominación social del expedidor.

e) Identificación de los bienes entregados o servicios prestados.

f) Tipo impositivo, y opcionalmente también la expresión "IVA incluido"

g) Contraprestación total.

h) En las facturas rectificativas, la referencia a la factura rectificada.

i) En su caso, si se producen las siguientes circunstancias:

- En operaciones exentas referencia a la normativa

- La mención "facturación por el destinatario"

- La mención "inversión del sujeto pasivo"

- La mención "Régimen especial de Agencias de viajes"

- La mención "Régimen especial de bienes usados"

Fuera de los supuestos establecidos que permiten la emisión de factura simplificada, los empresarios o profesionales obligados a expedir factura emitirán factura completa.

El contenido de la factura completa será:

a) Número y, en su caso, serie. La numeración de las facturas dentro de cada serie será correlativa.

Será obligatoria, en todo caso, la expedición en series específicas de las facturas siguientes:

• Las expedidas por los destinatarios de las operaciones o por terceros, para cada uno de los cuales deberá existir una serie distinta.

• Las rectificativas.

• Las que se expidan por los adjudicatarios que tengan la condición de empresario o profesional en los procedimientos administrativos y judiciales de ejecución forzosa.

b) La fecha de su expedición.

c) Nombre y apellidos, razón o denominación social completa, tanto del obligado a expedir factura como del destinatario de las operaciones.

d) Número de Identificación Fiscal atribuido por la Administración tributaria española o, en su caso, por la de otro Estado miembro de la Unión Europea, con el que ha realizado la operación el obligado a expedir la factura.

Asimismo, será obligatoria la consignación del Número de Identificación Fiscal del destinatario en los siguientes casos:

• Que se trate de una entrega intracomunitaria de bienes exenta.

• Que se trate de una operación cuyo destinatario sea el sujeto pasivo del Impuesto.

• Que se trate de operaciones que se entiendan realizadas en el territorio de aplicación del Impuesto (TAI), y el empresario o profesional obligado a la expedición de la factura haya de considerarse establecido en dicho territorio.

e) Domicilio, tanto del obligado a expedir factura como del destinatario de las operaciones.

f) Descripción de las operaciones, consignándose todos los datos necesarios para la determinación de la base imponible del Impuesto y su importe, incluyendo el precio unitario sin Impuesto de dichas operaciones, así como cualquier descuento o rebaja que no esté incluido en dicho precio unitario.

g) El tipo impositivo o tipos impositivos, en su caso, aplicados a las operaciones.

h) La cuota tributaria que, en su caso, se repercuta, que deberá consignarse por separado.

i) La fecha en que se hayan efectuado las operaciones que se documentan o en la que, en su caso, se haya recibido el pago anticipado, siempre que se trate de una fecha distinta a la de expedición de la factura.

j) En el supuesto de que la operación que se documenta en una factura esté exenta del Impuesto, una referencia a las disposiciones correspondientes de la Directiva 2006/112/CE, de 28 de noviembre, relativa al sistema común del Impuesto sobre el Valor Añadido, o a los preceptos correspondientes de la Ley del Impuesto o indicación de que la operación está exenta.

Lo dispuesto en esta letra se aplicará asimismo cuando se documenten varias operaciones en una única factura y las circunstancias que se han señalado se refieran únicamente a parte de ellas.

k) En las entregas de medios de transporte nuevos, la fecha de su primera puesta en servicio y las distancias recorridas u horas de navegación o vuelo realizadas hasta su entrega.

l) En caso de que sea el adquirente o destinatario de la entrega o prestación quien expida la factura en lugar del proveedor o prestador, la mención «facturación por el destinatario».

m) En el caso de que el sujeto pasivo del Impuesto sea el adquirente o el destinatario de la operación, la mención «inversión del sujeto pasivo».

n) En caso de aplicación del régimen especial de las agencias de viajes, la mención «régimen especial de las agencias de viajes».

o) En caso de aplicación del régimen especial de los bienes usados, objetos de arte, antigüedades y objetos de colección, la mención «régimen especial de los bienes usados», «régimen especial de los objetos de arte» o «régimen especial de las antigüedades y objetos de colección».

Toda factura y sus copias contendrán los datos o requisitos que se citan a continuación, sin perjuicio de los que puedan resultar obligatorios a otros efectos y de la posibilidad de incluir cualesquiera otras menciones.

Con respecto a los plazos de expedición y envío de las facturas, con carácter general si el destinatario de la operación no es empresario ni profesional, la factura deberá expedirse y enviarse en el momento en que se realice la operación.

Si el destinatario de la operación es empresario o profesional, la factura deberá expedirse antes del día 16 del mes siguiente a aquél en que se haya producido el devengo del Impuesto correspondiente a la citada operación, incluidas las facturas recapitulativas. El plazo de envío es de un mes a partir de la fecha de su expedición.

Existen modalidades "especiales" de facturas, como las facturas rectificativas - por su finalidad- o las electrónicas -por su formato-.

Las denominada facturas rectificativas se crean: si una factura no cumple los requisitos establecidos, o si debe modificarse la BI del IVA, o si las cuotas de IVA repercutidas se hubieran determinado incorrectamente; entonces la factura podrá rectificarse antes de que transcurran 4 años desde el devengo del impuesto, o desde que se produjeron las circunstancias que determinaron la modificación de la BI.

En las facturas o documentos rectificativos se hará constar tal condición y la causa que motiva la rectificación, así como los datos identificativos de la factura o documento rectificado. Las facturas que se expidan en sustitución o canje de facturas simplificadas expedidas con anterioridad no tendrán la condición de rectificativas.

Por su parte, la factura electrónica es la que ha sido expedida y recibida en formato electrónico (XML, PDF, DOC...), que reemplaza al documento en papel, y conserva el mismo valor legal con unas condiciones de seguridad.

Para garantizar la autenticidad del origen y la integridad del contenido de la factura, con el fin de establecer la necesaria conexión entre la factura y la operación que documenta, se podrá utilizar la firma electrónica avanzada, EDI y otros medios aprobados por la AEAT que aseguran la autenticidad e integridad.

Para enviar facturas electrónicas es necesario el consentimiento expreso o tácito del destinatario.

En cualquier momento el destinatario que reciba facturas o documentos sustitutivos electrónicos podrá comunicar al proveedor su deseo de recibirlos en papel. Si se han recibido facturas en formato electrónico, el destinatario podrá optar por convertirlas y conservarlas en formato papel.

La Ley 18/2022, de 28 de septiembre, de Creación y Crecimiento de Empresas ("Ley Crea y Crece") establece la obligación de expedir y remitir facturas electrónicas en todas las relaciones comerciales entre empresarios y profesionales. Esta nueva normativa supone un hito en la digitalización de las relaciones comerciales en España, con el objetivo de mejorar la competitividad empresarial y reducir la morosidad en las operaciones comerciales.

En este contexto, los abogados que ejercen como profesionales autónomos y prestan servicios a empresas (operaciones B2B) están sujetos a esta obligación de emitir facturas electrónicas según las condiciones que se establecen en el desarrollo reglamentario[31].

b) La facturación del abogado

En el caso de un profesional como el abogado, debe tenerse en cuenta que el descuento en concepto de retención (IRPF) sólo procede efectuarse cuando el servicio se haya prestado a una empresa, sociedad o cualquier otra forma o modalidad de persona jurídica, así como a otros profesionales independientes por cuenta propia. En sentido contrario, no procede incluir dicho concepto en la factura del abogado cuando éste haya prestado sus servicios jurídicos a una persona individual que tenga consideración de particular, ya que cuando el

---

[31] El Real Decreto 1512/2023, de 28 de noviembre, desarrolla el sistema de facturación electrónica entre empresarios y profesionales. Este Real Decreto establece los siguientes plazos de implementación: para empresas y autónomos y autónomos con facturación anual superior a 8 millones de euros: a partir del 23 de julio de 2024, para el resto de empresas y autónomos: a partir del 23 de octubre de 2024. El sistema de facturación electrónica se articula a través de: el requisito de interoperabilidad entre los sistemas de facturación electrónica, la creación de un registro centralizado de sistemas y proveedores de servicios de facturación electrónica, la definición del contenido y formato de la factura electrónica, que deberá incluir: fecha de emisión y número de factura, datos identificativos del emisor y receptor, descripción de bienes o servicios, base imponible, tipo impositivo y cuota tributaria, información sobre el medio de pago.

particular paga por los servicios recibidos, no se encuentra obligado a efectuar una retención a cuenta del IRPF al profesional.

Con carácter general, cuando el abogado presenta una factura para el cobro de los servicios prestados, en dicha factura incluirá los conceptos de IRPF (retención a cuenta del impuesto sobre la renta de las personas físicas) y el IVA correspondiente. La retención de IRPF vigente, es del 15% -la retención del IRPF es de un 7% opcional para nuevos autónomos en las facturas emitidas del año en que el autónomo se da de alta y en los dos siguientes[32]-, y el IVA aplicable a los servicios prestados por el abogado, el 21%. Esta situación hace el descuento de un concepto (IRPF) y la suma del otro (IVA). El IVA que recauda el abogado por el ejercicio de su actividad profesional, deberá ser liquidado trimestralmente junto al IVA que haya soportado o pagado por los gastos inherentes al ejercicio de su actividad (compra de materiales, pago de alquiler, gastos de desplazamiento, todos estos gastos necesarios para el desarrollo de la actividad profesional, tienen la consideración de gastos deducibles, y el IVA pagado en ellos, se liquida en su propia declaración).

Veamos con algunos ejemplos concretos las diversas tipologías que pueden darse en función de a quién preste el abogado sus servicios:

a) D. Servando, propietario de un restaurante que desarrolla su actividad profesional como autónomo, desea contratar los servicios de un abogado para recibir asesoramiento legal acerca del despido de uno de sus trabajadores, así como la representación y dirección técnica del asunto antes los Tribunales. Encomendado el trabajo, realizado el asesoramiento y finalizado el

---

[32] La retención del IRPF en las facturas de los profesionales autónomos constituye un mecanismo de anticipación tributaria mediante el cual el cliente (retenedor) ingresa a la Hacienda Pública una parte del IRPF correspondiente a los rendimientos satisfechos. Estas cantidades retenidas se considerarán pagos a cuenta en la declaración anual del impuesto. El tipo reducido del 7% (frente al tipo general del 15%) puede aplicarse por los nuevos profesionales autónomos durante el año de inicio de actividades y los dos siguientes, siempre que cumplan los siguientes requisitos acumulativos: no haber ejercido actividad profesional alguna en el año anterior al inicio, emitir facturas a otros empresarios o profesionales residentes en España, haber comunicado expresamente al cliente la aplicación de este tipo reducido. La aplicación del tipo reducido tiene carácter voluntario, pudiendo el profesional optar por aplicar el tipo general del 15%. La elección entre aplicar el 7% o el 15% debe valorarse considerando: el nivel previsto de ingresos netos anuales, el efecto en la liquidez a corto plazo, el impacto en la cuota diferencial del IRPF. Se recomienda aplicar el tipo general del 15% cuando los rendimientos netos previstos superen los 15.000€ anuales, para evitar regularizaciones significativas en la declaración anual. El retenedor tiene las siguientes obligaciones formales: - Practicar la retención en cada pago - Ingresar trimestralmente las retenciones (modelo 111) - Emitir y entregar al profesional el certificado anual de retenciones - Conservar la comunicación firmada del profesional optando por el tipo reducido. La omisión del certificado de retenciones está sancionada con multa fija de 150€ (art. 206 LGT).

procedimiento laboral, el abogado -con más de tres años en el ejercicio-presenta una factura, según lo convenido en la Hoja de Encargo profesional, por importe de 4.500 €.

La factura deberá incluir los siguientes conceptos:

Base Imponible: 4.500 €

IRPF (-15%): 675 €

IVA (+21%): 945 €

Total: 4.770 €

b) D. Faustino, trabajador de la empresa Generali Motores S.A., ha sido suspendido de empleo y sueldo durante un mes por un supuesto incumplimiento de sus obligaciones laborales, de forma reiterada. Al no estar de acuerdo con dicha sanción, decide acudir a un abogado para recibir asesoramiento legal sobre su situación. Encomendado el trabajo y realizado el asesoramiento, el abogado presenta una factura, según lo convenido en la Hoja de Encargo profesional, por importe de 275 €.

La factura deberá incluir los siguientes conceptos:

Base Imponible: 275 €

IRPF (-0%): 0 €

IVA (+21%): 57,75 €

Total: 332,75 €

c) La empresa Construcciones Menores S.L., ante las demandas recibidas por parte de diversos colectivos, decide contratar los servicios de un abogado con solo un año de ejercicio para negociar una resolución amistosa de los conflictos surgidos. Encomendado el trabajo y realizado el asesoramiento, el abogado presenta una factura, según lo convenido en la Hoja de Encargo profesional, por importe de 2.700 €.

La factura deberá incluir los siguientes conceptos:

Base Imponible: 2.700 €

IRPF (-7%): 189 €

IVA (+21%): 567 €

Total: 3.078 €

Lo importante de los ejemplos anteriores estriba en diferenciar al cliente cuando acude en búsqueda de los servicios profesionales como particular, de aquellos que requieren la prestación de servicios como profesionales titulares de una actividad económica o cualquier tipo de personal jurídica. En el primer caso, la factura emitida por el abogado no deberá incluir retención a cuenta del IRPF ya que los particulares no son obligados retenedores del impuesto de la renta. Sin embargo, en el resto de supuestos deberá descontarse el porcentaje correspondiente de retención, que deberá ser ingresado por el cliente en los plazos correspondientes a cuenta del impuesto del abogado que le ha prestado el servicio.

Por otra parte, el abogado individual no tiene obligación de lleva una contabilidad ajustada al C.com (art. 68 RIRPF), pero deberá elaborar libros-registro:

• Libro-registro de ingresos: como mínimo debe incluir los siguientes campos: 1) Nº, 2) Nº FACTURA, 3) FECHA, 4) CLIENTE, 5) DESCRIPCIÓN, 6) TOTAL FACTURA, 7) BASE IMPONIBLE, 8) IVA, 9) RETENCIONES IRPF.

• Libro-registro de gastos: como mínimo debe incluir 1) Nº, 2) Nº FACTURA, 3) FECHA, 4) PROVEEDOR, 5) DESCRIPCIÓN, 6) TOTAL FACTURA, 7) BASE IMPONIBLE, 8) IVA.

• Libro-registro de bienes de inversión: como mínimo debe incluir 1) Nº, 2) Nº FACTURA, 3) FECHA, 4) PROVEEDOR, 5) DESCRIPCIÓN, 6) TOTAL FACTURA, 7) BASE IMPONIBLE, 8) IVA, 9) CUOTA AMORTIZACION, 10) AMORTIZACION ACUMULADA.

• Libro-registro de provisiones de fondos y suplidos: como mínimo debe incluir: 1) Nº, 2) FECHA, 3) Nº FACTURA, 4) TIPO DE OPERACIÓN, 5) PAGADOR PROVISION/PERCETOR SUPLIDO, 6) TOTAL FACTURA.

Los libros-registro del profesional deben conservarse durante el plazo de prescripción tributaria de 4 años, contados desde la finalización del plazo de presentación de la declaración correspondiente o desde su presentación si esta fue extemporánea. Pueden llevarse tanto en formato físico como en soporte electrónico, siempre que este último permita la correcta visualización, impresión y exportación de datos. Las anotaciones deben realizarse de forma correlativa, sin espacios en blanco, interpolaciones, raspaduras ni tachaduras, registrando los ingresos en el momento del devengo de la operación y los gastos en la fecha de realización del pago, mientras que los bienes de inversión se anotarán en la fecha de su puesta en funcionamiento. Cada anotación debe incluir como mínimo la fecha de la operación, el número de factura o documento sustitutivo, la identificación de la contraparte, la descripción de la operación y los importes y tributos aplicables, siendo la llevanza incorrecta o la falta de estos requisitos objeto de posible sanción por incumplimiento de obligaciones formales.

Supuestos especiales en el IVA de servicios jurídicos

La sujeción a IVA en la actividad de la abogacía como regla general tiene, sin embargo, una **importante excepción** en los servicios prestados por los abogados y procuradores del **turno de oficio.** Y es que, desde el 1 de enero de 2017, estos servicios, prestados en el marco de la asistencia jurídica gratuita, no están sujetos al IVA. Las cantidades satisfechas a los abogados y procuradores para compensar su actuación en el marco de la obligación impuesta por la Ley de asistencia jurídica gratuita tienen un carácter indemnizatorio y, por ello, no constituyen una contraprestación de una operación sujeta al IVA. Por tanto, las cantidades derivadas del turno de oficio se incluirán en el modelo 100 del IRPF, como actividades económicas, pero no constarán al no estar sujetas en el modelo 303 de IVA, ni en la declaración informativa anual.

Por otro lado, si hablamos de las **condenas en costas** estas tienen dos implicaciones inmediatas: las costas revisten un carácter indemnizatorio y su importe se encuentra limitado. No suponen una compensación onerosa por la prestación de servicios profesionales y, en esa medida, se puede decir que la condena en costas como tal no constituye una operación sujeta al IVA. Ahora bien, el hecho de que la condena en costas no esté sujeta al IVA como tal, no excluye la necesidad de que el abogado y el procurador de cada una de las partes expidan factura a sus clientes y les repercutan en ella el IVA correspondiente a la prestación de servicios que le hubiesen realizado. El artículo 243.2 de la LEC, tras la modificación introducida por la Ley 42/2015, de 5 de octubre, establece expresamente que en las tasaciones de costas los honorarios de abogado y derechos de procurador tendrán que incluir el IVA.

Con respecto a las **provisiones de fondos** hay que aclarar que el término «provisión de fondos» suele utilizarse en un sentido amplio, como comprensivo de aquellas cantidades que un profesional de la abogacía solicita a su cliente al inicio de la relación contractual o durante el curso de la misma. Son importes que se le abonan, bien a cuenta de suplidos, bien como anticipo de los honorarios o derechos que en su momento se devenguen; pero que en cualquier caso tendrán que destinarse a los fines previstos.

Desde un punto de vista tributario, este amplio concepto debe dividirse en dos. A efectos fiscales, será necesario distinguir entre las provisiones de fondos en sentido estricto, entendidas como aquellas cantidades que el cliente abona al abogado como anticipo de sus honorarios y, los suplidos, que serán los fondos que el profesional perciba como adelanto de los gastos que habrá de abonar en nombre y por cuenta del cliente para el cumplimiento del encargo.

Las **provisiones de fondos** que constituyen un anticipo de los honorarios estarán sujetas al IVA como pagos anticipados anteriores al hecho imponible, en los términos del artículo 75.Dos de la LIVA. También estarán sometidas a retención a cuenta del IRPF en los casos en que esta proceda.

Los **suplidos**, por su parte, no formarán parte de la contraprestación obtenida por el abogado y procurador, por lo que no se incluirán en la base imponible del IVA (artículo 78.Tres.3º de la LIVA). Tendrán que figurar en la factura de manera separada, especificándose en ella su naturaleza, el profesional estará obligado a justificar su pago con la correspondiente factura emitida a nombre del cliente y no podrá deducirse el IVA con el que estuviese gravada la operación. Además, estos importes no se computarán como ingresos ni tendrán el carácter de gastos deducibles a los efectos del IRPF.

5. Gastos asociados al inicio de la actividad

Si se pretende asumir la forma de una sociedad, llevará aparejados los gastos de constitución (capital mínimo exigido, gastos notariales, registrales, etc…). Según la forma jurídica que se escoja, los gastos de constitución de la empresa serán distintos. Si nos decidimos por la constitución de una sociedad el capital exigido será distinto dependiendo del tipo de sociedad que decidamos constituir.

Evidentemente, si se pretende girar en el tráfico mercantil como empresario autónomo o profesional no estará sujeto a estos gastos de constitución.

Asimismo, dependiendo de la actividad, puede ser necesario solicitar licencias y abonar las tasas requeridas por el ayuntamiento, como la tasa derivada de la solicitud de una licencia de apertura. Tendrá que abonar cuotas de seguridad social o mutualidad y, también, tributos.

Desde 2023, el Régimen Especial de Trabajadores Autónomos (RETA) ha implantado un nuevo modelo de cotización basado en los rendimientos económicos reales (Ley 31/2022 y RD-ley 13/2022). Los tramos más bajos tendrán una reducción de cuotas, mientras que aquellos con ingresos superiores a 1.166,70 euros mensuales verán un incremento. Por tanto, el abogado que se dé de alta como autónomo elegirá inicialmente una base de cotización según su previsión de ingresos y podrá modificarla varias veces al año (hasta 6) para ajustarla a sus rendimientos[33].

El plan alternativo de la Mutualidad de la abogacía también ha sufrido cambios, si bien la cuota puede ser un 20% más reducida[34].

Además, se han de realizar otros trámites y contratos que también son necesarios antes de comenzar toda actividad empresarial o profesional, como contratos de arrendamiento y contratos de suministros y servicios: luz, agua, gas, teléfono, internet, suscripciones a publicaciones de interés, transportes, bancarios y otros.

En cuanto a la deducción de los gastos previos al inicio de la actividad, pero asociados a las misma, se pueden deducir, pero con puntualizaciones. Sería en sede de IVA porque la legislación confiere el derecho de deducirse sin espera el IVA devengado o ingresado por los gastos de inversión. Además, se posibilita la deducción de los gastos e inversiones previos al inicio de actividad si se cumplen dos requisitos específicos:

- Comunicar a Hacienda de la intención de emprender presentando el modelo 036 y marcando la casilla 504. Este trámite notifica un alta previa al inicio de actividad.

---

[33] El sistema de cotización de autónomos para 2025 establece una tarifa plana de 87,6€ mensuales para nuevos autónomos durante los primeros 12 meses, con una base fija de cotización de 950,98€, independiente de los ingresos percibidos. Esta tarifa es prorrogable por 12 meses adicionales si los ingresos están por debajo del SMI, sujeto a posterior regularización si se superan dichos límites. Fuera de la tarifa plana, para ingresos entre 1.850€ y 2.030€, la cuota mínima será de 379,67€ mensuales con una base de cotización de 1.209,15€, pudiendo incrementarse hasta una cuota máxima de 637,42€. El sistema permite ajustes bimestrales según variaciones en los ingresos y establece una regularización anual basada en la información fiscal proporcionada por Hacienda.

[34] La Mutualidad de la Abogacía proporciona una alternativa al RETA mediante el Plan Alternativo Autónomo, que permite aportaciones personalizadas sujetas a mínimos regulados. Las cuotas mínimas deben superar el 80% de la cuota mínima del RETA, adaptándose al nuevo sistema de cotización basado en rendimientos netos. Los abogados menores de 40 años gozan de bonificaciones del 100% en coberturas de riesgo el primer año y 50% los dos años siguientes en Incapacidad Permanente y Temporal Profesional. El plan contempla un incremento anual del 3% -te señala que un 3,5% en la web de la Mutualidad, lo que es la mitad de lo que marcan los índices mundiales como el MSCI últimamente y tres cuartas partes del SP500, dado que el fondo de la mutualidad invierte en subfondos indexados, ya pueden hacerse ustedes una idea- en las aportaciones a partir del sexto año, facilitando un ahorro progresivo ajustado a la capacidad económica del mutualista.

- Facturas emitidas con fecha posterior a dicha alta previa en Hacienda.

En este caso se considera que nos hemos dado de alta en la actividad, pero no hemos iniciado el funcionamiento de la empresa, y a partir de esa fecha admitirá las facturas de inversiones y gastos necesarios para el desarrollo de la actividad.

Esta es la única manera en que pueden deducirse este tipo de gastos, así que es muy importante que se tenga en cuenta. No se debe olvidar que en el momento en que se inicie la actividad, se deberá volver a presentar el modelo 036 y marcar, esta vez, la casilla 508 para comunicarle a Hacienda el alta definitiva de tu actividad.

La Ley del IVA en su artículo 111, y su reglamento en su artículo 27 prevén esta circunstancia, señalando que sí será deducible el IVA soportado en su adquisición siempre que acrediten que "los elementos objetivos que confirmen que en el momento en que efectuaron dichas adquisiciones o importaciones tenían esa intención".

En IRPF no tenemos un precepto que señale con tanta claridad la posibilidad de deducirse los gastos previos al inicio de la actividad, lo que no quiere decir que no encontremos fundamento jurídico suficiente para su deducibilidad en la normativa que lo regula, tal y como lo acreditan algunas resoluciones vinculantes de la DGT[35].

---

[35] Resolución Vinculante de Dirección General de Tributos, V2166-09 de 29 de septiembre de 2009 y la V0773-10 de 21 de Abril de 2010.

PREGUNTAS TEST DEL TEMA 2: EL INICIO DE LA ACTIVIDAD ECONÓMICA

1. El Censo de Empresarios, Profesionales y Retenedores incluye a:

   a) Únicamente a quienes desarrollen actividades empresariales

   b) Solo a las sociedades mercantiles y profesionales

   c) Exclusivamente a los obligados a practicar retenciones

   d) A todos los anteriores más quienes realicen operaciones intracomunitarias

2. La presentación del modelo 036 de alta censal:

   a) Debe realizarse antes del inicio de la actividad económica

   b) Puede presentarse dentro de los 6 meses posteriores al inicio

   c) Solo es obligatoria para sociedades mercantiles

   d) Es opcional si se factura menos de 60.000€ anuales

3. Respecto a las declaraciones censales, indique la afirmación correcta:

   a) El modelo 037 solo pueden utilizarlo las personas físicas

   b) El modelo 037 es una versión simplificada que no pueden usar quienes realicen operaciones intracomunitarias

   c) El modelo 036 está reservado exclusivamente para personas jurídicas

   d) La presentación telemática es opcional en todos los casos

4. En relación con la factura simplificada:

   a) Solo puede emitirse en operaciones inferiores a 100€

   b) No puede utilizarse nunca en servicios profesionales

   c) Es obligatoria en hostelería, transporte y ventas al por menor hasta 3.000€

   d) No requiere incluir el NIF del emisor

5. Para operaciones intracomunitarias:

   a) Es obligatoria la factura completa con mención al régimen del IVA aplicable

   b) Puede emitirse factura simplificada si el importe es inferior a 3.000€

   c) No es necesario incluir el NIF-IVA del destinatario

d) No es necesario emitir factura si hay otro documento acreditativo

6. El Impuesto sobre Actividades Económicas (IAE):

a) Exime del pago, pero no de la declaración, a personas físicas y entidades con facturación inferior a 1M€

b) No requiere declaración si se está exento del pago

c) Solo afecta a sociedades mercantiles

d) La exención se aplica automáticamente sin necesidad de comunicación

7. Un abogado que inicia actividad por cuenta propia debe:

a) Darse de alta únicamente en el Colegio profesional

b) Presentar el modelo 036/037 y darse de alta en el IAE epígrafe 731

c) Constituir obligatoriamente una sociedad profesional

d) Esperar la autorización de la Agencia Tributaria para iniciar la actividad

8. Las modificaciones en el ejercicio de la actividad profesional:

a) Solo deben comunicarse si afectan al volumen de facturación

b) Requieren presentación de declaración censal si tienen trascendencia fiscal

c) Pueden comunicarse por cualquier medio fehaciente

d) No es necesario comunicarlas si no cambia el domicilio fiscal

9. En la constitución de una sociedad profesional:

a) Está exenta del Impuesto sobre Transmisiones Patrimoniales

b) Está sujeta pero exenta del IVA

c) Requiere siempre escritura pública e inscripción registral

d) Todas las anteriores son correctas

10. La cotización a la Seguridad Social de un profesional autónomo:

a) Se realiza exclusivamente por el Régimen General

b) Es opcional durante el primer año de actividad

c) Se efectúa a través del RETA, con base de cotización elegible

d) Solo es obligatoria si se factura más de 12.000€ anuales

TEMA 3. LA ACTIVIDAD ECONÓMICA EN EL IRPF

1. Esquema general del Impuesto sobre la Renta de las Personas Físicas

1.1. Introducción

a) Naturaleza del IRPF

El Impuesto sobre la Renta de las Personas Físicas (en adelante, IRPF) es un tributo de carácter personal y directo que grava, según los principios de igualdad, generalidad y progresividad, la renta de las personas físicas de acuerdo con su naturaleza y sus circunstancias personales y familiares, tal como indica el artículo 1 de la LIRPF.

b) ¿Qué se entiende por «renta» a efectos del IRPF?

La renta del contribuyente, que constituye el objeto del IRPF, se define en el artículo 2 de la LIRPF como la totalidad de sus rendimientos, ganancias y pérdidas patrimoniales, así como las imputaciones de renta establecidas por Ley, con independencia del lugar donde se hubiesen producido y cualquiera que sea la residencia del pagador.

c) Tratamiento de las circunstancias personales y familiares en el IRPF

El mínimo personal y familiar constituye la parte de la base liquidable que, por destinarse a cubrir las necesidades vitales del contribuyente y de las personas que de él dependen, no se somete a tributación.

d) Ámbito de aplicación del IRPF

Como establecen los artículos 4 y 5 LIRPF, el IRPF se aplica en todo el territorio español, con las especialidades previstas para Canarias, Ceuta y Melilla y sin perjuicio de los regímenes tributarios forales de concierto y convenio económico en vigor, respectivamente, en los Territorios Históricos del País Vasco y en la Comunidad Foral de Navarra.

Todo ello sin perjuicio de lo dispuesto en los tratados y convenios internacionales que hayan pasado a formar parte del ordenamiento interno, de conformidad con el artículo 96 de la Constitución Española.

e) Cesión parcial del IRPF a las Comunidades Autónomas (Art. 3 Ley IRPF)

Desde el 1 de enero de 2009, la cesión parcial del IRPF tiene como límite máximo el 50 por 100 del rendimiento producido en el territorio de cada Comunidad Autónoma, de acuerdo con lo establecido en el artículo decimoprimero de la Ley Orgánica 8/1980, de 22 de septiembre, de Financiación de las Comunidades Autónomas (LOFCA), modificada, por última vez, por la Ley Orgánica 3/2009, de 18 de diciembre.

El actual sistema de financiación de las Comunidades Autónomas se articula en la Ley 22/2009, de 18 de diciembre, por la que se regula el sistema de financiación de las Comunidades Autónomas de régimen común y Ciudades con Estatuto de Autonomía y se modifican determinadas normas tributarias.

En la citada ley se establecen, con vigencia a partir de 1 de enero de 2010, las competencias normativas que asumen las Comunidades Autónomas en el IRPF y se introducen, con la misma vigencia temporal, las correspondientes modificaciones en la normativa de este impuesto para adaptar su estructura al nuevo sistema de financiación.

f) Competencias normativas de las Comunidades Autónomas de régimen común en el IRPF

De acuerdo con el artículo 46 de la Ley 22/2009, de 18 de diciembre, las competencias normativas que pueden asumir las Comunidades Autónomas de régimen común son las siguientes:

- Importe del mínimo personal y familiar aplicable para el cálculo del gravamen autonómico.

- Escala autonómica aplicable a la base liquidable general

- Deducciones en la cuota íntegra autonómica

Si la Comunidad Autónoma no regulara alguna de estas materias se aplicarán las normas previstas a estos efectos en la Ley del IRPF.

g) Declaración anual de Renta

La declaración del IRPF, modelo D-100, se presenta para la Renta desde el 2 de abril hasta 1 de julio del año siguiente al ejercicio que se declara. Si resulta a ingresar se puede domiciliar en cuenta, hasta el 26 de junio (con cargo el último día del plazo).

Si la declaración es a ingresar, se puede efectuar el ingreso en uno o dos plazos. Si el segundo plazo no se domicilia, debe presentarse el modelo 102 y efectuar el ingreso hasta el 5 de noviembre del año en que se presenta la declaración.

1.2. Sujeción al IRPF: aspectos materiales

a) Delimitación positiva del hecho imponible

El artículo 6 LIRPF señala que constituye el hecho imponible del IRPF la obtención de renta por el contribuyente cuyos componentes son los siguientes:

- Los rendimientos del trabajo

- Los rendimientos del capital

- Los rendimientos de las actividades económicas.

- Las ganancias y pérdidas patrimoniales.

- Las imputaciones de renta establecidas por ley.

No obstante, a efectos de la determinación de la base imponible y del cálculo del IRPF, la renta se clasifica en general y del ahorro.

Por expresa disposición legal, se presumen retribuidas, salvo prueba en contrario, las prestaciones de bienes, derechos o servicios susceptibles de generar rendimientos del trabajo o del capital.

b) Delimitación negativa del hecho imponible: rentas exentas y no sujetas (artículo 7 LIRPF y otras disposiciones)

- Rentas exentas

  ➢ Exenciones del artículo 7 de la LIRPF

  ➢ Otras rentas exentas

  Además de las exenciones establecidas en el artículo 7 de la Ley del IRPF, tanto esta ley como en otras leyes de contenido tributario, se establecen exenciones a los rendimientos de trabajo (por ejemplo, dietas y asignaciones para gastos de viaje exceptuados de gravamen [Arts. 17.1.d) Ley IRPF y 9 Reglamento, rendimientos de trabajo en especie exentos, rentas en especie que, de acuerdo con el artículo 42.3 de la Ley del IRPF, tienen la consideración de rendimientos del trabajo exentos, etc..) y a las ganancias patrimoniales en determinados casos.

  Ahora bien, por la asignatura que nos ocupa son importantes las exenciones en rendimientos de actividades económicas como las subvenciones de la política agraria y pesquera comunitaria y ayudas públicas, también se declaran exentas las ayudas públicas que tengan por objeto reparar la destrucción, por incendio, inundación o hundimiento de elementos patrimoniales, las ayudas al abandono de la actividad de transporte por carretera satisfechas por el Ministerio de Fomento a transportistas. Asimismo, se declaran exentas la percepción de indemnizaciones públicas a causa del sacrificio obligatorio de la cabaña ganadera, en el marco de actuaciones destinadas a la erradicación de epidemias o enfermedades. La exención sólo afectará a los animales destinados a la reproducción. Finalmente, se declaran exentas las ayudas públicas percibidas para compensar el desalojo temporal o definitivo de la vivienda habitual del contribuyente o del local en el que el titular de la actividad económica ejerciera la misma como consecuencia de incendio, inundación, hundimiento u otras causas naturales. Y las subvenciones forestales concedidas a quienes exploten fincas forestales gestionadas de acuerdo con planes técnicos de gestión forestal, ordenación de montes, planes dasocráticos o planes de repoblación forestal aprobados por la Administración forestal competente, siempre que el período de producción medio, según la especie de que se trate, determinado por la Administración forestal competente, sea igual o superior a 20 años (disposición adicional cuarta de la Ley del IRPF).

- Rentas no sujetas, entre las que pueden citarse las siguientes:

  ➢ Las rentas que se encuentren sujetas al Impuesto sobre Sucesiones y Donaciones (Art. 6.4 Ley IRPF).

  ➢ Las ganancias o pérdidas patrimoniales puestas de manifiesto en los supuestos relacionados en el artículo 33.3 de la Ley del IRPF.

  ➢ La parte de la ganancia patrimonial generada con anterioridad a 20 de enero de 2006 (no así las pérdidas patrimoniales) derivada de elementos patrimoniales no afectos al desarrollo de actividades económicas que a 31 de diciembre de 1996 tuviesen un período de permanencia en el patrimonio del contribuyente superior a: 10 años, en el supuesto de bienes inmuebles o derechos sobre los mismos. 5 años, en el supuesto de acciones admitidas a negociación, con excepción de las acciones representativas del capital social de Sociedades de Inversión Mobiliaria e Inmobiliaria. 8 años, en el supuesto de los demás bienes o derechos. Desde 1 de enero de 2015 se establece para todos los elementos patrimoniales a los que resulte de aplicación lo anterior, un límite máximo y conjunto de 400.000 euros que opera sobre el valor de transmisión.

  ➢ Las pérdidas patrimoniales que, por expresa disposición contenida en el artículo 33.5 de la Ley del IRPF, no se computan como tales.

> Los rendimientos del capital mobiliario que se pongan de manifiesto con ocasión de transmisiones lucrativas de activos financieros por causa de muerte del contribuyente. (Art. 25.6 Ley IRPF).

> La renta que se ponga de manifiesto como consecuencia del ejercicio de derecho de rescate de los contratos de seguro colectivo que instrumenten compromisos por pensiones en los términos previstos en la disposición adicional primera del texto refundido de la Ley de Regulación de los Planes y Fondos de Pensiones.

> Las cantidades percibidas como consecuencia de las disposiciones que se hagan de la vivienda habitual (hipoteca inversa) por las personas mayores de 65 años, así como por las personas que se encuentren en situación de dependencia severa o gran dependencia,

> Tampoco tienen la consideración de renta sujeta aquellas ayudas económicas que se concedan por gastos de enfermedad no cubiertos por el Servicio de Salud o Mutualidad correspondiente, que se destinen al tratamiento o restablecimiento de la salud.

1.3. Sujeción al IRPF: aspectos personales

a) Son contribuyentes por el IRPF (Art. 8 LIRPF)

1° Las personas físicas que tengan su residencia habitual en territorio español.

2° Las personas físicas que tengan su residencia habitual en el extranjero por alguna de las circunstancias previstas en el artículo 10 de la Ley del IRPF.

3° Las personas físicas de nacionalidad española que acrediten su nueva residencia fiscal en un país o territorio calificado reglamentariamente como paraíso fiscal. Estas personas no perderán su condición de contribuyentes por el IRPF en el período impositivo en que se produzca el cambio de residencia y en los cuatro períodos impositivos siguientes.

b) Contribuyentes que tienen su residencia habitual en territorio español

Se entenderá, de acuerdo con el artículo 9 de la Ley del IRPF, que el contribuyente tiene su residencia habitual en territorio español cuando se dé cualquiera de las siguientes circunstancias:

Primera. Que permanezca más de 183 días, durante el año natural, en territorio español. Para determinar este período de permanencia se computarán las ausencias esporádicas, salvo que el contribuyente acredite su residencia fiscal en otro país. Tratándose de países o territorios calificados reglamentariamente como paraísos fiscales, la Administración tributaria podrá exigir que se pruebe la permanencia en el mismo durante 183 días en el año natural. No obstante, lo anterior, para determinar el período de permanencia en territorio español no se computarán las estancias temporales en España que sean consecuencia de las obligaciones contraídas en acuerdos de colaboración cultural o humanitaria, a título gratuito, con las Administraciones públicas españolas.

Segunda. Que radique en España el núcleo principal o la base de sus actividades o intereses económicos, de forma directa o indirecta.

Se presumirá, salvo prueba en contrario, que el contribuyente tiene su residencia habitual en territorio español cuando, conforme a los criterios anteriores, residan habitualmente en España su cónyuge no separado legalmente y los hijos menores de edad que dependan de aquél.

De este modo, es residente fiscal en España aquella persona que permanezca más de 183 días en territorio español dentro del año natural o bien tenga en España su centro de intereses económicos, aunque no permanezca ningún día en territorio español.

A efectos del cálculo del número de días de permanencia en territorio español la norma establece que deben computarse las ausencias esporádicas, salvo que el individuo acredite su residencia fiscal en otro país.

Por tanto, si un individuo ha permanecido en España por ejemplo 150 días por haberse desplazado a distintos países, como suele ser habitual por vacaciones o trabajo, pero no es capaz de acreditar su residencia fiscal en ningún otro país, deben computarse todos los días del año como días de permanencia física en España a efectos de la determinación de la residencia fiscal.

Por otro lado, respecto al concepto de «núcleo principal o base de actividades o intereses económicos», una de las principales dudas siempre ha sido cómo debe realizarse la comparación entre España y otros países. La postura del Tribunal Económico Administrativo Central ha sido que la comparación debe de ser país por país. Es decir, no de España versus la suma del resto del mundo[36].

---

[36] En esta materia, la Dirección General de Tributos ha interpretado, mediante resolución a consulta vinculante, que pueden tomarse en consideración, a los efectos de determinar el

Por otra parte, el artículo 28 de la Ley del Sistema de Financiación de las Comunidades Autónomas define un concepto análogo al de centro de intereses económicos a efectos de determinar en qué Comunidad Autónoma, dentro de España, es residente un individuo. En este sentido, se establece que el principal centro de intereses será aquel territorio donde el individuo obtenga la mayor parte de la base imponible del IRPF, determinada por los siguientes componentes de renta:

- Rendimientos del trabajo, que se entenderán obtenidos donde radique el centro de trabajo respectivo, si existe.

- Rendimientos del capital inmobiliario y ganancias patrimoniales derivadas de bienes inmuebles, que se entenderán obtenidos en el lugar en que radiquen éstos.

- Rendimientos de actividades económicas, ya sean empresariales o profesionales, que se entenderán obtenidos donde radique el centro de gestión de cada una de ellas.

Por tanto, debemos concluir que «núcleo principal o base de actividades o intereses económicos» no solo comprende la valoración de lo obtenido en la fuente de renta «actividades económicas», sino que afecta, además, a los rendimientos del trabajo –si los hubiere– y Rendimientos del capital inmobiliario y ganancias patrimoniales derivadas de bienes inmuebles.

c) Residencia habitual en el territorio de una Comunidad Autónoma o Ciudad con Estatuto de Autonomía a efectos del IRPF (Art. 72 LIRPF)

Como principio general, los contribuyentes con residencia habitual en territorio español son residentes en el territorio de una Comunidad Autónoma o Ciudad con Estatuto de Autonomía. Para determinar en cuál de las Comunidades Autónomas o Ciudades con Estatuto de Autonomía tiene su residencia habitual el contribuyente residente, deberán aplicarse los siguientes criterios:

1° Criterio de permanencia

De acuerdo con este criterio, el contribuyente reside en la Comunidad Autónoma o Ciudad con Estatuto de Autonomía en cuyo territorio haya permanecido mayor número de días del período impositivo (generalmente, el año natural), computándose a estos efectos las ausencias temporales y presumiéndose, salvo prueba en contrario, que la persona permanece en el

---

centro de intereses económicos, no solo la las rentas sino también la localización del patrimonio o de los gastos.

territorio de la Comunidad Autónoma o Ciudad con Estatuto de Autonomía donde radica su vivienda habitual.

2° Criterio del principal centro de intereses

Cuando no fuera posible determinar la residencia conforme al criterio anterior, se considerará que el contribuyente reside en la Comunidad Autónoma o Ciudad con Estatuto de Autonomía donde tenga su principal centro de intereses; es decir, en aquélla en cuyo territorio haya obtenido la mayor parte de la base imponible del IRPF, determinada por los siguientes componentes de renta:

- Rendimientos del trabajo, que se entenderán obtenidos donde radique el centro de trabajo respectivo, si existe.

- Rendimientos del capital inmobiliario y ganancias patrimoniales derivadas de bienes inmuebles, que se entenderán obtenidos en el lugar en que radiquen éstos.

- Rendimientos de actividades económicas, ya sean empresariales o profesionales, que se entenderán obtenidos donde radique el centro de gestión de cada una de ellas.

3° Criterio de la última residencia declarada a efectos del IRPF

En defecto de los anteriores criterios, la persona se considera residente en el territorio en el que radique su última residencia declarada a efectos del IRPF. De acuerdo con lo establecido en el artículo 72.3 de la LIRPF, no producirán efecto los cambios de residencia que tengan por objeto principal lograr una menor tributación efectiva en este impuesto, salvo que la nueva residencia se prolongue de manera continuada durante, al menos, tres años.

Las personas físicas residentes en territorio español, que no permanezcan en dicho territorio más de 183 días durante el año natural, se considerarán residentes en el territorio de la Comunidad Autónoma o Ciudad con Estatuto de Autonomía en que radique el núcleo principal o base de sus actividades o de sus intereses económicos.

Finalmente, cuando la persona sea residente en territorio español por presunción, es decir, porque su cónyuge no separado legalmente y los hijos menores de edad dependientes de él residan habitualmente en España, se considerará residente en el territorio de la Comunidad Autónoma o Ciudad con Estatuto de Autonomía en que éstos residan habitualmente.

d) Declaraciones conjuntas de unidades familiares cuyos miembros residen en diferentes Comunidades Autónomas o Ciudades con Estatuto de Autonomía

Cuando los contribuyentes integrados en una unidad familiar tuvieran su residencia habitual en Comunidades Autónomas o Ciudades con Estatuto de Autonomía distintas y optasen por tributar conjuntamente, en el apartado «Comunidad Autónoma/Ciudad Autónoma de residencia» se indicará aquélla en la que haya tenido su residencia habitual el miembro de la unidad familiar con mayor base liquidable, determinada ésta con arreglo a las reglas de individualización de rentas del IRPF.

Cuando una de las distintas Comunidades Autónomas fuera de régimen foral (Navarra o País Vasco), se atenderá también a este criterio para determinar la competencia foral o estatal en orden a la exacción del IRPF.

Contribuyentes que tienen su residencia habitual en el extranjero (Art. 10 Ley IRPF)

e) Se consideran contribuyentes por el IRPF

Tienen la consideración de contribuyentes por el IRPF las personas de nacionalidad española, su cónyuge no separado legalmente e hijos menores de edad, que tuviesen su residencia habitual en el extranjero por su condición de:

- Miembros de misiones diplomáticas españolas, comprendiendo tanto al jefe de la misión como a los miembros del personal diplomático, administrativo, técnico o de servicios de la misma.

- Miembros de las oficinas consulares españolas, comprendiendo tanto al jefe de las mismas como al personal funcionario o de servicios a ellas adscrito, con excepción de los vicecónsules honorarios o agentes consulares honorarios y del personal dependiente de ellos.

- Titulares de cargo o empleo oficial del Estado español como miembros de las delegaciones y representaciones permanentes acreditadas ante organismos internacionales o que formen parte de misiones o delegaciones de observadores en el extranjero.

- Funcionarios en activo que ejerzan en el extranjero cargo o empleo oficial que no tenga carácter diplomático o consular.

f) No se consideran contribuyentes por el IRPF (Art. 8.3 Ley IRPF)

No tienen la consideración de contribuyentes por el IRPF las sociedades civiles no sujetas al Impuesto sobre Sociedades, herencias yacentes, comunidades de bienes y demás entidades a que se refiere el artículo 35.4 de la Ley 58/2003, de 17 de diciembre, General Tributaria. Las rentas correspondientes a las mismas se atribuirán a los socios, herederos, comuneros o partícipes, respectivamente, de acuerdo con lo establecido en los artículos 86 a 90 de la Ley del IRPF.

g) La unidad familiar en el IRPF (Art. 82 LIRPF)

A efectos del IRPF, existen dos modalidades de unidad familiar, a saber:

En caso de matrimonio (modalidad 1.a)

La integrada por los cónyuges no separados legalmente y, si los hubiere:

- Los hijos menores, con excepción de los que, con el consentimiento de los padres, vivan independientemente de éstos.

- Los hijos mayores de edad incapacitados judicialmente sujetos a patria potestad prorrogada o rehabilitada.

h) Normas comunes a las dos modalidades de unidad familiar

De la regulación legal de las modalidades de unidad familiar, pueden extraerse las siguientes conclusiones:

- Cualquier otra agrupación familiar, distinta de las anteriores, no constituye unidad familiar a efectos del IRPF.

- Nadie podrá formar parte de dos unidades familiares al mismo tiempo.

- La determinación de los miembros de la unidad familiar se realizará atendiendo a la situación existente el día 31 de diciembre de cada año. Por tanto, si un hijo cumpliera 18 años durante el año, ya no formará parte de la unidad familiar en ese período impositivo.

i) Tributación individual y opción por la tributación conjunta (Art. 83 LIRPF)

Con carácter general, la declaración del IRPF se presenta de forma individual. No obstante, las personas integradas en una unidad familiar, en los términos anteriormente comentados, pueden optar, si así lo desean, por declarar de forma conjunta, siempre que todos sus miembros sean contribuyentes por este impuesto.

En las parejas de hecho sin vínculo matrimonial sólo uno de sus miembros (padre o madre) puede formar unidad familiar con los hijos que reúnan los requisitos anteriormente comentados y, en consecuencia, optar por la tributación conjunta. El otro miembro de la pareja debe declarar de forma individual.

No obstante, ha de tenerse en cuenta que el artículo 84.2.4° de la LIRPF (que establece las "Normas aplicables en la tributación conjunta") señala la improcedencia de la reducción de 2.150 euros anuales en la segunda de las modalidades de unidad familiar a que se refiere el artículo 82 de la Ley del IRPF, en los casos en que el contribuyente conviva con el padre o la madre de alguno de los hijos que forman parte de su unidad familiar.

En los supuestos de separación o divorcio matrimonial o ausencia de vínculo matrimonial, la opción por la tributación conjunta corresponderá a quien tenga atribuida la guarda y custodia de los hijos a la fecha de devengo del IRPF, al tratarse del progenitor que convive con aquéllos. En los supuestos de guarda y custodia compartida la opción de la tributación conjunta puede ejercitarla cualquiera de los dos progenitores, optando el otro por declarar de forma individual.

Una vez ejercitada la opción por tributar de forma individual o conjunta, no es posible modificar después dicha opción presentando nuevas declaraciones, salvo que éstas se presenten también dentro del plazo reglamentario de presentación de declaraciones; finalizado dicho plazo, no podrá cambiarse la opción de tributación para ese período impositivo.

La opción por declarar conjuntamente:

• Se manifiesta al presentar la declaración del IRPF correspondiente al ejercicio respecto del cual se opta. Una vez ejercitada la opción, sólo podrá modificarse dentro del plazo reglamentario de presentación de declaraciones.

• No vincula a la unidad familiar para ejercicios sucesivos. Así, la declaración conjunta en el ejercicio 2019 no obliga a tener que declarar también conjuntamente en 2020; del mismo modo, la declaración conjunta en 2020 no vincula para el 2021.

• Abarca obligatoriamente a todos los miembros de la unidad familiar. Si uno cualquiera de los miembros de la unidad familiar presenta declaración individual, los restantes miembros deberán utilizar este mismo régimen de tributación.

1.4. Sujeción al IRPF: aspectos temporales. Devengo y período impositivo (Arts. 12 y 13 LIRPF)

Con carácter general, el período impositivo es el año natural, devengándose el IRPF el día 31 de diciembre de cada año.

Por consiguiente, la declaración del IRPF del ejercicio actual habrá de comprender la totalidad de los hechos y circunstancias con trascendencia fiscal a efectos de dicho impuesto que resulten imputables a dicho año natural.

El período impositivo es inferior al año natural exclusivamente cuando se produzca el fallecimiento del contribuyente en un día distinto al 31 de diciembre, finalizando entonces el período impositivo y devengándose en ese momento el impuesto.

Ningún otro supuesto diferente al fallecimiento del contribuyente (matrimonio, divorcio, separación matrimonial, etc.) dará lugar a períodos impositivos inferiores al año natural.

Por tanto, para un mismo contribuyente no puede haber más de un período impositivo dentro de un mismo año natural.

2. Las actividades económicas en el Impuesto sobre la Renta de las Personas Físicas

Desde el punto de vista de la fiscalidad empresarial, el Impuesto sobre la Renta de las Personas Físicas grava las rentas a empresarios y profesionales, esto es, personas físicas que desarrollan una actividad económica y personas físicas miembros de entidades en régimen de atribución de rentas, distintas de las sociedades civiles con objeto mercantil, porque estas últimas, a partir de 1 de enero de 2016 son contribuyentes del Impuesto sobre Sociedades.

Un contribuyente realiza una actividad económica cuando ordena por cuenta propia medios de producción y recursos humanos o uno solo de ambos, con el fin de intervenir en la producción o distribución de bienes o servicios.

No obstante, para delimitar cuando nos encontramos ante una actividad económica deben tenerse en cuenta las siguientes reglas especiales:

- Los rendimientos obtenidos por el contribuyente procedentes de una entidad en cuyo capital participe, derivados de actividades profesionales (las comprendidas en la Sección 2ª de las Tarifas del IAE) se calificarán como rendimientos profesionales cuando aquel esté incluido, a tal efecto, en el régimen especial de la Seguridad Social de los trabajadores por cuenta propia o autónomos (RETA), o en una mutualidad de previsión social que actúe como alternativa al citado régimen especial.

- El arrendamiento de bienes inmuebles se califica de actividad económica si para ello se cuenta con al menos una persona empleada con contrato laboral y a jornada completa.

2.1. Métodos de determinación del rendimiento de las actividades económicas en el IRPF

En el IRPF los métodos de determinación del rendimiento de las actividades económicas, según la actividad desarrollada son:

- Estimación Directa con dos modalidades: Normal y Simplificada

- Estimación Objetiva.

La transmisión de elementos patrimoniales del inmovilizado material o intangible e inversiones inmobiliarias, afectos a la actividad económica, cualquiera que sea el régimen de determinación del rendimiento, origina ganancias o pérdidas patrimoniales que no se incluyen en el rendimiento neto de la actividad. Su cuantificación y tributación se realiza con las reglas de las ganancias o pérdidas patrimoniales del impuesto.

Los contribuyentes aplicarán alguno de estos métodos de determinación del rendimiento de las actividades económicas, considerando las reglas de incompatibilidad y los supuestos de renuncia y exclusión.

Cuestiones comunes a la estimación de la base

a) Incompatibilidad entre regímenes

Entre los regímenes de estimación directa y de estimación objetiva, se establece una incompatibilidad absoluta:

Si el contribuyente se encuentra en estimación directa debe determinar el rendimiento de todas sus actividades por este mismo régimen, aunque alguna de sus actividades sea susceptible de estar incluida en estimación objetiva.

Si determina el rendimiento de una actividad en la modalidad normal del método de estimación directa, debe determinar en esta misma modalidad el rendimiento de todas las demás actividades.

No obstante, cuando desarrollando una actividad en la modalidad simplificada del método de estimación directa, se inicie otra durante el año por la que se renuncie a dicha modalidad simplificada, o cuando desarrollando una actividad en estimación objetiva, se inicie otra durante el año no incluida en dicho método o estando incluida, se renuncie al mismo, la incompatibilidad no surtirá efectos en ese año respecto de las actividades que venía realizando con anterioridad, sino a partir del año siguiente.

b) Renuncia

Los contribuyentes que cumplan los requisitos para aplicar el método de estimación directa simplificada o el método de estimación objetiva, podrán renunciar a su aplicación presentando el modelo 036 o 037 de declaración censal.

Cuando debe renunciar: diciembre anterior al año natural en que deba surtir efecto (hasta el 31 de diciembre del año anterior). En caso de inicio de la actividad, antes del inicio.

También se entiende efectuada la renuncia al método de estimación objetiva si se presenta en plazo, el pago fraccionado del primer trimestre del año natural, mediante el modelo 130, previsto para el método de estimación directa (renuncia tácita). Si se inicia la actividad se renunciará tácitamente presentando el modelo 130 del primer trimestre de ejercicio de la actividad.

La renuncia tendrá efectos por un mínimo de 3 años. Transcurrido este plazo, se entenderá prorrogada tácitamente para cada uno de los años siguientes en que resulte aplicable, salvo que se revoque aquélla en el mes de diciembre anterior al año en que deba surtir efecto.

La renuncia al método de estimación directa simplificada supone que el contribuyente determinará el rendimiento neto de todas sus actividades por la modalidad normal del método de estimación directa.

La renuncia al método de estimación objetiva supone la inclusión en la modalidad simplificada del método de estimación directa si se cumplen los requisitos establecidos para esta modalidad, salvo que se renuncie al mismo.

c) Exclusión

En estimación directa modalidad simplificada, la exclusión del método se produce cuando en el año anterior, el importe neto de la cifra de negocios para el conjunto de todas las actividades desarrolladas por el contribuyente, supere 600.000 €.

El contribuyente, en tal caso, determinará el rendimiento de todas sus actividades por la modalidad normal, del método de estimación directa, como mínimo durante los 3 años siguientes.

En estimación objetiva, la exclusión se produce cuando supere el volumen de rendimientos íntegros o de compras en bienes y servicios, fijados legal y reglamentariamente, cuando la actividad se desarrolle fuera del ámbito de aplicación espacial del IRPF o cuando supere los límites establecidos en la Orden Ministerial de desarrollo de este régimen.

La exclusión de este método de estimación objetiva, supondrá la inclusión en la modalidad simplificada del método de estimación directa, durante los 3 años siguientes, salvo que se renuncie al mismo.

2.1.1. Estimación directa normal

a) A quién se aplica

Se aplica, con carácter general, a los empresarios y profesionales que no estén acogidos a la modalidad simplificada o al método de estimación objetiva.

En todo caso se aplica si el importe de la cifra de negocios del conjunto de actividades supera los 600.000 € anuales en el año inmediato anterior o se renuncia a la estimación directa simplificada.

b) Cálculo del rendimiento neto

Con carácter general, el rendimiento neto se calcula por diferencia entre los ingresos computables y gastos deducibles (art. 15 LIRPF), aplicando, con matices, la normativa del IS (se aplican los incentivos y estímulos a la inversión del IS).

Son ingresos computables los derivados de las ventas, de la prestación de servicios, del autoconsumo y las subvenciones, entre otros.

Son gastos deducibles los que, convenientemente justificados y registrados en la contabilidad o en los libros-registro obligatorios, se producen en el ejercicio de la actividad y son necesarios para la obtención de ingresos: suministros, consumo de existencias, gastos del personal, reparación y conservación, arrendamiento y amortizaciones por la depreciación efectiva de los elementos patrimoniales en funcionamiento.

A partir del 1 de enero de 2018 se considera gasto deducible para la determinación del rendimiento neto, los gastos de manutención del propio contribuyente en los que haya incurrido en el desarrollo de la actividad económica, siempre que se produzcan en establecimientos de restauración y hostelería y se abonen utilizando cualquier medio electrónico de pago, con los límites cuantitativos que se establecen para las dietas y asignaciones para gastos normales de manutención de los trabajadores. El exceso sobre dichos importes no podrá ser objeto de deducción.

Igualmente a partir de 1 de enero de 2018, cuando el contribuyente afecte parcialmente su vivienda habitual al desarrollo de la vivienda habitual al desarrollo de la actividad económica, los gastos de suministros de dicha vivienda, tales como agua, gas, electricidad, telefonía e Internet, serán deducibles en el porcentaje resultante de aplicar el 30 % a la proporción existente entre los metros cuadrados de la vivienda destinados a la actividad respecto a su superficie total, salvo que se pruebe un porcentaje superior o inferior, esto se comunicará mediante modificación de la declaración censal.

El rendimiento neto calculado se reducirá en un 30 % sobre los siguientes rendimientos netos -la cuantía máxima sobre la que se aplica la citada reducción es de 300.000 €/año-, cuando se imputen en un único periodo impositivo:

- Los que tengan un período de generación superior a dos años.

- Los obtenidos de forma notoriamente irregular en el tiempo, entre otros, por:

  ➢ Subvenciones de capital para la adquisición de elementos del inmovilizado no amortizables -solar o terreno-.

  ➢ Indemnizaciones y ayudas por cese de actividades económicas.

  ➢ Premios literarios, artísticos o científicos que no gocen de exención en este impuesto.

➢ Indemnizaciones percibidas en sustitución de derechos económicos de duración indefinida.

Además, para los contribuyentes que cumplan determinados requisitos (trabajadores autónomos económicamente dependientes o con un único cliente no vinculado) se establece una reducción del rendimiento neto de las actividades económicas acogidas al método de estimación directa -normal y simplificada- por importe, de 2.000 €. Adicionalmente, se establece un incremento de dicha reducción siempre que se cumplan determinados requisitos:

o 3.700 € año para autónomos con rendimientos netos iguales o inferiores a 11.250 € siempre que no tengan otras rentas (excluidas exentas) superiores a 6.500 € y para aquellos cuyos rendimientos netos estén entre 11.250 y 14.450 € la reducción será de 3.700 € menos el resultado de multiplicar por 1,15625 la diferencia entre el rendimiento y 11.250 € año.

o 3.500 € año para personas con discapacidad que obtengan rendimientos netos derivados del ejercicio efectivo de estas actividades económicas aumentando a 7.750 € año si acreditan necesitar ayuda de terceras personas o movilidad reducida, o un grado de discapacidad igual o superior al 65%.

Si no se cumplen los requisitos exigidos para la reducción anterior, los contribuyentes con rentas no exentas inferiores a 12.000 €, incluidas las de la actividad económica, pueden reducir el rendimiento neto de las actividades económicas en las siguientes cuantías: 1.620 euros anuales, con rendimientos netos Iguales o inferiores a 8.000 euros anuales. Si los rendimientos están entre 8.000,01 y 12.000 euros anuales: 1.620 euros menos el resultado de multiplicar por 0,405 la diferencia entre las citadas rentas y 8.000 euros anuales.

Esta reducción tiene dos límites:

Si además se perciben rendimientos del trabajo, esta reducción junto a reducción por rendimientos del trabajo no puede exceder de 3.700 euros.

El importe del rendimiento neto, no puede ser negativo como consecuencia de la aplicación de esta reducción.

Los contribuyentes que inicien el ejercicio de una actividad económica pueden reducir en un 20% el rendimiento neto positivo declarado con arreglo al método de estimación directa en sus dos modalidades, minorado en su caso por cualquiera de las reducciones anteriores, en el primer periodo impositivo en que el rendimiento neto sea positivo y en el periodo impositivo siguiente, siempre que la cuantía de los rendimientos netos sobre la que se aplica la citada reducción no supere 100.000 €/año.

Cuando con posterioridad al inicio de la actividad se inicia una nueva actividad sin haber cesado en el ejercicio de la primera, la reducción se aplica sobre los rendimientos netos obtenidos en el primer periodo impositivo en que los mismos sean positivos y en el periodo impositivo siguiente, a contar desde el inicio de la primera actividad.

La reducción no resulta de aplicación en el período impositivo en el que más del 50% de los ingresos del mismo procedan de una persona o entidad de la que el contribuyente haya obtenido rendimientos del trabajo en el año anterior a la fecha de inicio de la actividad.

2.1.2. Estimación directa simplificada

a) A quién se aplica

Se aplica a los empresarios y profesionales cuando concurran las siguientes circunstancias:

- Que sus actividades no estén acogidas al método de estimación objetiva, así como que ninguna actividad ejercida se encuentre en la modalidad normal del método de estimación directa.

- Que, en el año anterior, el importe neto de la cifra de negocios para el conjunto de actividades desarrolladas no supere los 600.000 €. Cuando en el año inmediato anterior se hubiese iniciado la actividad, el importe neto de la cifra de negocios se elevará al año.

- Que no se haya renunciado a su aplicación.

b) Cálculo del rendimiento neto

El rendimiento neto se calcula conforme a las normas del IS (ingresos menos gastos) como en estimación directa normal, con las siguientes particularidades:

- Las provisiones deducibles y los gastos de difícil justificación se cuantifican aplicando un 5% del rendimiento neto positivo, excluido este concepto sin que la cuantía resultante pueda superar 2.000 €/año. No se aplicará cuando se opte por la reducción por el ejercicio de determinadas actividades económicas.

- Las amortizaciones del inmovilizado material se practican de forma lineal, en función de la tabla específica de amortización simplificada sin perjuicio de que sean de aplicación de los supuestos de libertad de amortización establecidos en el IS.

- Al rendimiento neto así calculado le serán de aplicación, si procede, la reducción por rendimientos generados en más de dos años u obtenidos de forma notoriamente irregular en el tiempo, la reducción del rendimiento neto aplicable a las actividades económicas que cumplan ciertos requisitos, la reducción para contribuyentes con rentas no exentas inferiores a 12.000 € o la reducción por inicio de actividad, conforme a las normas señaladas en la modalidad normal del método de estimación directa.

En cuestión del abogado, que estará en EDS en la mayoría de los casos, los gastos deducibles más comunes en IRPF serán:

En cuestión de inmuebles: se podrá afectar la parte de la vivienda que se utilice para el desarrollo de la actividad profesional. Existe la posibilidad de deducción de los gastos derivados de la titularidad de la vivienda (amortizaciones, IBI, comunidad de propietarios, etc.) de forma proporcional a la parte de la vivienda afectada. Si el inmueble está arrendado, posibilidad de deducción de las rentas pagadas por el arrendamiento en proporción a la parte afectada.

Los gastos de suministros (agua, luz, gas, teléfono, e internet), tendrán carácter deducible en el porcentaje resultante de aplicar el 30% a la proporción existente entre los metros cuadrados de la vivienda destinados a la actividad respecto a su superficie total, salvo que se pruebe un porcentaje superior o inferior. La deducibilidad está condicionada a que los gastos queden debidamente justificados mediante la factura u equivalente y registrados en los libros-registro. Su comprobación y valoración corresponde a los órganos de Gestión e Inspección de la AEAT. Para determinar la proporción de los metros cuadrados afectos a la actividad económica debe tomarse los datos reflejados en la declaración censal.

En los gastos por telefonía, su deducibilidad está condicionada por el principio de su correlación con los ingresos. La DGT viene manteniendo para determinar la deducibilidad de los gastos derivados del uso de una línea de telefonía móvil que serán deducibles los gastos incurridos en la medida en que esta línea se utilice exclusivamente para el desarrollo de la actividad económica. Es decir, que si una línea telefónica se utiliza exclusivamente el gasto derivado de la misma será deducible de los ingresos de la misma (consultas V0601-14, V2382-13, V2400-13, V2731-18). La recomendación sería disponer de dos móviles (profesional y personal) o un móvil con dos tarjetas SIM.

En cuestión de vehículos, en IRPF no cabe la afectación parcial de vehículos al ejercicio de la abogacía con un uso mixto profesional y privado (ni siquiera en el caso de que dicha utilización sea accesoria y notoriamente irrelevante).

Los gastos correspondientes al material de oficina y compra de libros serán fiscalmente deducibles cuando vengan exigidos por el desarrollo de la actividad, siempre que se cumplan los demás requisitos (justificación, contabilización, etc.) (Consulta V1632-15, de 27 de mayo de 2015). En la medida en que los ordenadores pueden considerarse elemento patrimonial afecto a la actividad, según lo dispuesto en el art. 22 del Reglamento, el contribuyente podrá deducirse las amortizaciones correspondientes.

Las «togas», la cuota colegial y hasta 26,67 euros de comidas al día, que hagan fuera de casa mientras trabajan, en concepto de "gastos de manutención" -si se pagan con tarjeta-, también se pueden deducir como gastos.

Las típicas amortizaciones de los profesionales como los abogados son las amortizaciones de mobiliario y de equipo informático. El porcentaje máximo fijado en las tablas de amortización que se recogen en la Orden de 27 de marzo de 1998, por la que se aprueba la tabla de amortización simplificada para los sujetos pasivos del IRPF que determinen su rendimiento neto por la modalidad simplificada, en la que se establece un coeficiente de amortización del mobiliario del 10% y un coeficiente para los equipos informáticos del 26%.

A su vez, los coeficientes citados en el párrafo anterior pueden multiplicarse por 2, conforme a lo establecido en el artículo 103 de la LIS, siempre que la suma de la amortización acumulada no rebase el coste total del bien.

2.1.3. Estimación objetiva

a) A quién se aplica

A empresarios y determinadas actividades profesionales (accesorias a otras empresariales de carácter principal), que cumplan los siguientes requisitos:

- Que todas sus actividades estén incluidas en la Orden anual que desarrolla el régimen de estimación objetiva y no rebasen los límites de cada actividad.

- Que el volumen de rendimientos íntegros en el año inmediato anterior, no supere cualquiera de estos importes:

  - 250.000 €/año para el conjunto de actividades económicas, excepto las agrícolas, ganaderas, y forestales. También se aplicará la EO cuando el volumen de los rendimientos íntegros en el año anterior computando solo las operaciones por las que estén obligados a expedir factura cuando el destinatario sea un empresario o profesional no supere 125.000 €/año.

  - 250.000 €/año para el conjunto de sus actividades agrícolas, ganaderas, y forestales.

- Que el volumen de compras en bienes y servicios en el ejercicio anterior, excluidas las adquisiciones de inmovilizado, no supere 250.000 €/año. En obras y servicios subcontratados, su importe se tendrá en cuenta para el cálculo de este límite.

- Que las actividades económicas no sean desarrolladas, total o parcialmente, fuera del ámbito de aplicación del IRPF (se entenderá que las actividades de transporte urbano colectivo y de viajeros por carretera, de transporte por auto-taxis, de transporte de mercancías por carretera y de servicios de mudanzas se desarrollan dentro del ámbito de aplicación del IRPF).

- Que no hayan renunciado expresa o tácitamente a la aplicación de este régimen.

- Que no hayan renunciado o estén excluidos del régimen simplificado del IVA y del régimen especial simplificado del Impuesto General Indirecto Canario (IGIC). Que no hayan renunciado al régimen especial de la agricultura, ganadería y pesca del IVA, ni al régimen especial de la agricultura y ganadería del IGIC.

- Que ninguna actividad ejercida por el contribuyente se encuentre en estimación directa, en cualquiera de sus modalidades.

En estos importes (puntos 2 y 3) se computan las operaciones del contribuyente, de su cónyuge, ascendientes y descendientes y de las entidades en atribución de rentas en las que participen cualquiera de ellos si las actividades son similares por estar clasificadas en el mismo grupo del IAE y existe dirección común compartiendo medios personales o materiales.

Estos importes se elevarán al año cuando hubiera iniciado la actividad en el año en que se calculan.

b) Cálculo del rendimiento neto

El rendimiento neto se calcula según la Orden anual que desarrolla este método, multiplicando los importes fijados para los módulos, por el número de unidades del mismo empleadas, o multiplicando el volumen total de ingresos por el índice de rendimiento neto que corresponda en actividades agrícolas, ganaderas y forestales. La cuantía deducible por amortización del inmovilizado resulta de aplicar la tabla de amortización de dicha Orden. Si se cumplen los requisitos, se minorará por el ejercicio de determinadas actividades económicas.

2.2. Pagos fraccionados

Los contribuyentes en estimación directa normal o simplificada, realizarán cuatro pagos fraccionados trimestrales en el modelo 130, entre el 1 y 20 de abril, julio y octubre, y entre el 1 y 30 de enero del año siguiente. Debe presentarse declaración negativa en los trimestres en los que no resulte cantidad a ingresar.

Los que desarrollan actividades agrícolas, ganaderas, forestales y los profesionales, no están obligados a efectuar pagos fraccionados si en el año natural anterior al menos el 70% de los ingresos de su actividad (excluidas indemnizaciones y subvenciones en el caso de actividades agrícolas, ganaderas y forestales) fueron objeto de retención o ingreso a cuenta. El primer año de actividad, para calcularlo, se tendrán en cuenta los ingresos objeto de retención o ingreso a cuenta en cada período trimestral al que se refiere el pago fraccionado. Los abogados, normalmente, no realizarán pagos fraccionados porque sus ingresos en la mayor parte de los casos estarán sometidos a retención por las conocidas «igualas» con sociedades, que son contratos de servicios de duración, cuya retribución está sujeta a retención.

El importe de cada uno de los pagos fraccionados se calculará del siguiente modo:

- Actividades empresariales: 20% del rendimiento neto desde el inicio del año hasta el último día del trimestre al que se refiera el pago. Se deducirán los pagos fraccionados que habría correspondido ingresar por los trimestres anteriores del mismo año, si no se hubiera aplicado la deducción prevista en el caso de que la cuantía de los rendimientos netos de actividades económicas del ejercicio anterior sea igual o inferior a 12.000 €. Se deducirán, en la actividad de arrendamiento de inmuebles y de cesión de derechos de imagen, las retenciones y los ingresos a cuenta, desde el primer día del año al último del trimestre a que se refiere el pago fraccionado.

- Actividades profesionales: 20% del rendimiento neto, desde el inicio del año hasta el último día del trimestre al que se refiera el pago. Se deducirán los pagos fraccionados que habría correspondido ingresar por los trimestres anteriores del mismo año si no se hubiera aplicado la deducción prevista en el caso de que la cuantía de los rendimientos netos de actividades económicas del ejercicio anterior sea igual o inferior a 12.000 €. Se deducirán también las retenciones y los ingresos a cuenta desde el inicio del año hasta el último día del trimestre al que se refiere el pago fraccionado.

- Actividades agrícolas, ganaderas, forestales y pesqueras: 2% del volumen de ingresos del trimestre, excluidas las subvenciones de capital y las indemnizaciones. Se deducirán las retenciones y los ingresos a cuenta del trimestre.

Estos porcentajes se reducirán a la mitad para las actividades económicas que tengan derecho a la deducción en la cuota prevista para rentas obtenidas en Ceuta y Melilla. En los pagos fraccionados correspondientes a ingresos generados a partir del 5 de julio de 2018, estos porcentajes se reducirán en 60 por ciento.

El contribuyente puede aplicar porcentajes de pagos fraccionados superiores a los señalados anteriormente.

Los contribuyentes en estimación objetiva, realizarán cuatro pagos fraccionados, trimestrales, en el modelo 131 entre el 1 y 20 de abril, julio y octubre, y entre el 1 y 30 de enero del año siguiente. Deben presentar declaración negativa en los trimestres que no resulte cantidad a ingresar.

El importe de cada uno de los pagos fraccionados se calcula del siguiente modo:

- Actividades empresariales (excepto agrícolas y ganaderas):

  - 4% del rendimiento resultante de la aplicación de los módulos en función de los datos-base a 1 de enero (si algún dato-base no pudiera determinarse a 1 de enero, se tomará el del año anterior; si no pudiera determinarse ningún dato-base, el pago fraccionado será el 2% del volumen de ventas o ingresos del trimestre). Cuando se inicie una actividad, los datos-base serán los del día de inicio.

- 3% cuando se tenga una persona asalariada.

- 2% cuando no se disponga de personal asalariado.

- Actividades agrícolas, ganaderas y forestales: 2% del volumen de ingresos del trimestre, excluidas las subvenciones de capital y las indemnizaciones.

Del importe a ingresar se deducirán las retenciones e ingresos a cuenta del periodo.

Estos porcentajes se reducirán a la mitad para las actividades económicas que tengan derecho a la deducción en la cuota prevista para rentas obtenidas en Ceuta y Melilla. En los pagos fraccionados correspondientes a ingresos generados a partir del 5 de julio de 2018, estos porcentajes se reducirán en 60 por ciento.

Las actividades económicas desarrolladas tanto en régimen de estimación directa como en estimación objetiva podrán deducir del importe a ingresar por el pago fraccionado, además, una minoración adicional, de 25, 50, 75 o 100 € cuando los rendimientos netos de actividades económicas del ejercicio anterior sean iguales o inferiores a 12.000, 11.000, 10.000 o 9.000 € respectivamente. Si esta última minoración fuese superior al importe restante del pago fraccionado una vez minorado en las retenciones e ingresos a cuenta ya efectuados, podrá deducirse la diferencia en los siguientes pagos fraccionados del mismo período impositivo, cuyo importe positivo lo permita.

En actividades agrícolas, ganaderas, forestales o pesqueras con ingresos previsibles anuales inferiores a 33.007,20 €: 2% del volumen de ingresos del trimestre, excluidas las subvenciones del capital e indemnizaciones.

En ningún caso esta última deducción puede superar un importe acumulado máximo de 660,14 € en el período impositivo).

Con respecto a la forma de presentación de los modelos 130 y 131 (para pagos fraccionados, decir que pueden presentarse electrónicamente por internet o mediante papel impreso generado exclusivamente mediante la utilización del servicio de impresión desarrollado a estos efectos por la AEAT en su Sede electrónica.

3. Administradores y socios de sociedades mercantiles

Con carácter previo al análisis de los distintos supuestos a los que se refiere este epígrafe, deben realizarse las siguientes precisiones, teniendo en cuenta la complejidad y amplitud de la cuestión tratada. De este modo:

a) La amplitud de la cuestión controvertida, tanto en los servicios que pueden prestar los socios en las sociedades como en la tipología de las formas sociales, aconsejan contemplar los casos generales o más habituales, por lo que nos centramos en las sociedades de capital y en servicios de gerencia y profesionales, sin perjuicio de hacer referencia marginalmente a otros supuestos.

b) Se puede afirmar que no existe una identidad entre el concepto de rendimientos del trabajo en el IRPF y el concepto de relación laboral propio del derecho laboral. Así, la normativa del IRPF establece supuestos de obtención de rendimientos del trabajo que no derivan de una relación laboral, como los administradores (artículo 17.2.e) de la LIRPF). Por el contrario, existen relaciones laborales que no generan rendimientos del trabajo sino de actividades económicas. Así, el artículo 17.3 de la LIRPF establece que cuando los rendimientos: «…derivados de la relación laboral especial de los artistas en espectáculos públicos y de la relación laboral especial de las personas que intervengan en operaciones mercantiles por cuenta de uno o más empresarios sin asumir el riesgo y ventura de aquéllas supongan la ordenación por cuenta propia de medios de producción y de recursos humanos o de uno de ambos, con la finalidad de intervenir en la producción o distribución de bienes o servicios, se calificarán como rendimientos de actividades económicas».

También cabe señalar que la normativa del IRPF considera rendimientos del trabajo casos en los que los rendimientos no derivan de una prestación de servicios realizada por el contribuyente, como en el caso de la aportación de bienes o derechos al patrimonio protegido de la persona discapacitada (artículo 17.2.k) de la LIRPF).

La primera conclusión de carácter general es que la calificación como rendimiento del trabajo de los rendimientos percibidos por administradores no tiene como único criterio la calificación a efectos laborales de la relación de la que derivan dichos rendimientos.

c) La AEAT, en 2012, publicó la Nota informativa 1/12 con las consideraciones sobre cómo tratar fiscalmente a los socios de entidades mercantiles, entendiendo que, si un administrador tiene el 50% de una sociedad, entonces dispone de medios materiales propios y si cobra de la sociedad las labores distintas de la administración, puede entonces ser considerado un autónomo, y no un trabajador por cuenta ajena, sobre todo si dicha sociedad realiza actividades profesionales. Sin embargo, a partir del 1 de enero de 2015, con la modificación del artículo 17 LIRPF, que regula los rendimientos del trabajo, el criterio de titularidad del 50% de capital social ya no es decisivo. Por eso ahora deben tenerse en cuenta las actividades que desarrolla la empresa y las labores que realizan los socios, y ya no influirían los porcentajes de participación de los socios para determinar la condición de las rentas del trabajo o actividades profesionales.

Sentados los extremos anteriores, pueden distinguirse, en términos generales, queda claro que los socios y los administradores de la sociedad pueden percibir retribuciones de la misma en cuatro situaciones diferentes por la prestación de sus servicios. Dichas situaciones pueden darse de forma aislada o simultáneamente concurrir dos o más de ellas.

En todas estas situaciones, en caso de vinculación (por ser administrador o socio en el porcentaje del 25 por ciento o superior) será de aplicación el artículo 18 de la LIS y las retribuciones en cada una de las situaciones deberán realizarse a valor de mercado, salvo en lo correspondiente a la retribución de los administradores por el ejercicio de sus funciones.

Se enumeran a continuación de una forma resumida cada una de estas situaciones:

1. Socio/administrador que percibe retribuciones de la sociedad por el ejercicio de las funciones inherentes al cargo de administrador.

- Impuesto sobre Sociedades: gasto fiscalmente deducible si dicha retribución se contempla en los estatutos sociales y hasta el importe de la cuantía fijada en dichos estatutos, o en su defecto por la junta general. Si el cargo de administrador es gratuito o la retribución supera la cuantía fijada estatutariamente o por la junta general, el gasto no será fiscalmente deducible en su totalidad o en la cuantía en que supere el importe de la retribución fijada. Para la deducibilidad del gasto, por otra parte, será necesario que se cumplan los requisitos generales que permiten la deducción de gastos en el IS.

- IRPF: rendimiento del trabajo personal sometido a retención al tipo 35 por ciento o del 19 por ciento cuando procedan de entidades con importe neto de cifra de negocios inferior a 100.000 euros en el período impositivo finalizado con anterioridad al pago de dichos rendimientos.

2. Socio/administrador que percibe retribuciones de la sociedad por el ejercicio de funciones de gerencia o alta dirección derivadas de un contrato de carácter laboral.

- Impuesto sobre Sociedades: gasto fiscalmente deducible, siempre que se cumplan los requisitos generales necesarios para la deducibilidad de los gastos.

- IRPF: rendimiento del trabajo personal sometido a retención al tipo determinado según el procedimiento general.

3. Socio/administrador que percibe retribuciones de la sociedad por la realización de actividades no incluidas en la Sección Segunda de las Tarifas del IAE.

- Impuesto sobre Sociedades: Gasto fiscalmente deducible, siempre que se cumplan los requisitos generales necesarios para la deducibilidad de los gastos.

- IRPF:

  o Con carácter general, rendimiento del trabajo personal si concurren las notas de dependencia y medios de producción en sede de la sociedad y sometido a retención al tipo determinado según el procedimiento general.

  o Rendimiento de la actividad económica si no concurren las notas de dependencia y medios de producción en sede de la sociedad y con carácter general no están sometidos a retención.

4. Socio/administrador que percibe retribuciones de la sociedad por la realización de actividades incluidas en la Sección Segunda de las Tarifas del IAE (profesionales).

A esta última situación es a la que se refiere el párrafo tercero del artículo 27.1 de la LIRPF.

- Impuesto sobre Sociedades: gasto fiscalmente deducible, siempre que se cumplan los requisitos generales necesarios para la deducibilidad de los gastos.

- IRPF: rendimiento de la actividad económica si concurren los requisitos del artículo 27.1, tercer párrafo, de la Ley del IRPF, sometido a retención del 15 por ciento o del 7 por ciento en el ejercicio de inicio de la actividad profesional y los dos siguientes.

4. Obligación de declarar

El apartado 2 del artículo 96 establece que estarán obligados a presentar declaración todos los contribuyentes que obtengan rendimientos de actividades económicas, independientemente de su cuantía. Esto incluye a empresarios, profesionales y autónomos, quienes deben declarar sus ingresos, gastos y calcular el rendimiento neto de su actividad económica.

En el caso de un abogado que ejerce como profesional autónomo, el nuevo umbral exento de 15.876 euros en el IRPF no se aplicaría de forma automática, ya que los profesionales que realizan actividades económicas están obligados a presentar declaración independientemente del nivel de ingresos.

PREGUNTAS TIPO TEST TEMA 3: LA ACTIVIDAD ECONÓMICA EN EL IRPF.

1. En relación con la residencia habitual en España de una persona física, señale la respuesta correcta:

a) Se considera residente habitual cuando permanezca en territorio español más de 183 días durante el año natural.

b) Se considera residente cuando radique en España el núcleo principal o la base de sus actividades económicas o intereses.

c) Se presume la residencia habitual cuando residan en España el cónyuge no separado legalmente y los hijos menores de edad.

d) Todas las respuestas anteriores son correctas.

2. Respecto a las retribuciones percibidas por socios y administradores de sociedades:

a) Las retribuciones por funciones de dirección y gerencia se califican como rendimientos del trabajo cuando existe relación laboral.

b) Las retribuciones por el cargo de administrador se califican siempre como rendimientos del trabajo, independientemente de su naturaleza mercantil o laboral.

c) Las retribuciones por prestaciones de servicios profesionales se califican como rendimientos de actividades económicas.

d) Todas las anteriores son correctas.

3. En relación con los gastos deducibles en actividades económicas del IRPF:

a) Los servicios de profesionales independientes son gastos fiscalmente deducibles siempre que estén vinculados a la actividad.

b) Las provisiones y gastos de difícil justificación tienen un límite específico en estimación directa simplificada.

c) Los gastos de mejora de inmuebles afectos son deducibles mediante amortización.

d) Todas las respuestas anteriores son correctas.

4. En el régimen de estimación directa simplificada:

a) Se aplica un coeficiente del 5% sobre el rendimiento neto previo en concepto de provisiones y gastos de difícil justificación.

b) El límite máximo de deducción por provisiones y gastos de difícil justificación es de 2.000 euros anuales.

c) Es incompatible con la aplicación de la estimación directa normal en otras actividades del mismo contribuyente.

d) Las respuestas a) y b) son correctas.

5. Los métodos de determinación del rendimiento de actividades económicas:

a) La renuncia al método de estimación objetiva implica la aplicación de la estimación directa normal.

b) El método de estimación directa simplificada requiere una cifra de negocios inferior a 600.000 euros en el año anterior.

c) La exclusión del método de estimación objetiva implica un período mínimo de tres años en estimación directa.

d) Todas las respuestas anteriores son correctas.

6. Características fundamentales del IRPF:

a) Es un impuesto directo, personal, progresivo y parcialmente cedido a las Comunidades Autónomas.

b) Grava la renta mundial de los residentes fiscales en España.

c) El período impositivo coincide con el año natural, salvo fallecimiento del contribuyente.

d) Todas las respuestas anteriores son correctas.

7. En relación con los inmuebles afectos a actividades económicas:

a) Los gastos de reparación y conservación son deducibles en el ejercicio en que se producen.

b) Las mejoras se incorporan al valor de adquisición y se amortizan según las tablas oficialmente aprobadas.

c) El requisito de afectación exclusiva admite excepciones en determinados casos.

d) Todas las respuestas anteriores son correctas.

8. El método de estimación objetiva:

a) Requiere que la actividad esté incluida en la Orden Ministerial que desarrolla el régimen.

b) Es incompatible con el desarrollo de otras actividades en estimación directa normal.

c) Tiene límites cuantitativos de aplicación referidos al volumen de ingresos y compras.

d) Todas las respuestas anteriores son correctas.

9. El fallecimiento del contribuyente en el IRPF:

a) Determina el devengo anticipado del impuesto en la fecha del fallecimiento.

b) Obliga a los herederos a presentar la declaración del fallecido hasta la fecha de defunción.

c) Las rentas pendientes de imputación se integran en la base imponible del último período impositivo.

d) Todas las respuestas anteriores son correctas.

10. Las retribuciones de administradores y consejeros:

a) Se califican como rendimientos del trabajo por imperativo legal.

b) Están sujetas a retención específica cuando derivan del ejercicio de funciones propias del cargo.

c) Requieren su previsión en los estatutos sociales para ser fiscalmente deducibles en el IS.

d) Todas las respuestas anteriores son correctas.

TEMA 4 - La actividad económica en el IS

1. Esquema general del Impuesto sobre Sociedades

El Impuesto sobre Sociedades (en adelante, IS) es un tributo de carácter directo y naturaleza personal que grava la renta de las sociedades y demás entidades jurídicas, siendo las notas básicas de su régimen-jurídico tributario las siguientes:

- Recae sobre la renta de las sociedades y demás entidades jurídicas, en los términos establecidos por la ley, así como sobre la de otras entidades a las que, aun no teniendo personalidad jurídica, la ley les otorga la condición de contribuyentes.

- La obtención de renta por el contribuyente constituye el hecho imponible del impuesto, cualquiera que sea su fuente u origen. En determinados regímenes especiales dicha renta sigue estando compuesta por los rendimientos e incrementos y disminuciones de patrimonio (sociedades cooperativas, entidades parcialmente exentas).

- La base imponible, en el régimen de estimación directa, se calcula corrigiendo el resultado contable mediante la aplicación de los preceptos de la normativa del IS (ajustes fiscales positivos y negativos sobre el resultado contable). En el régimen de estimación objetiva se determina aplicando signos, índices o módulos a los sectores de actividad que la normativa del IS establezca (entidades navieras en función del tonelaje).

- Una vez delimitada la base, la aplicación del tipo de gravamen determina la cuota íntegra. De dicha cuota hay que detraer las deducciones y bonificaciones a que se tenga derecho, así como los pagos a cuenta soportados y efectuados por la entidad. Por tanto, el cálculo de la deuda tributaria exige efectuar una serie de operaciones, que varían en función de las circunstancias individuales de cada contribuyente.

- Como la práctica totalidad de los tributos estatales, el IS es objeto de declaración-liquidación, que debe realizar el contribuyente en los plazos y con las formalidades reglamentariamente establecidas.

- La consideración particular de la naturaleza de determinados hechos, actos u operaciones, o la naturaleza de los contribuyentes afectados, permite distinguir algunos regímenes especiales cuyas normas se separan del régimen común.

a) Hecho imponible

El IS grava la renta de las sociedades y demás entidades residentes en todo el territorio español. Deben presentar declaración del IS aunque no hayan desarrollado actividades durante el periodo impositivo o no hayan obtenido rentas sujetas al impuesto, como regla general.

b) Exenciones

- EXENCIÓN TOTAL: Estado, Comunidades Autónomas y Entidades Locales; Organismos autónomos del Estado y entidades de derecho público de análogo carácter de las Comunidades Autónomas y de las entidades locales; Banco de España, Fondos de Garantía de Depósitos de Entidades de Crédito y Fondos de Garantía de inversiones; Entidades Gestoras y Servicios Comunes de la Seguridad Social; Instituto de España y las Reales Academias Oficiales integradas en el mismo, e instituciones de las Comunidades Autónomas con lengua oficial propia que tengan fines análogos a los de la Real Academia Española; el Consejo Internacional de Supervisión Pública en estándares de auditoría, ética profesional y materias relacionadas.

- EXENCIÓN PARCIAL: entidades e instituciones sin ánimo de lucro a las que sea de aplicación la L 49/2002, entidades e instituciones sin ánimo de lucro no sujetas a la L 49/2002, uniones, federaciones y confederaciones de cooperativas, sindicatos de trabajadores, colegios profesionales, asociaciones empresariales y cámaras oficiales, partidos políticos, fondos de promoción de empleo, Mutuas colaboradoras de la Seguridad Social, Entidades de derecho público Puertos del Estado y las respectivas de las Comunidades Autónomas, así como las Autoridades Portuarias, Instituto de relaciones Europeo-Latinoamericanas, Comunidades de aguas y heredamientos de Canarias, Organizaciones no gubernamentales de desarrollo no sujetas a L 49/2002.

Así, gozan de exención total en el IS determinados entes del sector público en sentido estricto, como efecto fundamental, que tales entes están relevados de:

- la obligación de presentar declaración-liquidación por el IS;

- el cumplimiento de los requisitos contables y registrales;

- darse de alta en el índice de entidades; y

- soportar retención por las rentas que obtengan.

Y gozan de una exención relativa o parcial en el IS determinadas entidades que no persiguen como propósito central de su actividad el ánimo de lucro, aunque ocasionalmente puedan tenerlo. A estos efectos se regula el régimen especial de exención parcial, sin perjuicio del régimen propio de las fundaciones y entidades sin fines lucrativos reguladas por la L 49/2002 y el de los partidos políticos.

c) Ámbito subjetivo

La norma considera contribuyentes del IS con carácter general a las personas jurídicas (excepto las sociedades civiles que no tengan objeto mercantil) y en particular a determinadas entidades, aunque no tengan personalidad jurídica, residentes en territorio español.

Se incluyen, entre otras, a las siguientes entidades con personalidad jurídica:

- Sociedades mercantiles (anónimas, de responsabilidad limitada, colectivas, laborales, etc.).

- Sociedades civiles con objeto mercantil desde el 1 de enero de 2016. No serán contribuyentes por el IS las entidades que se dediquen a actividades agrícolas, ganaderas, forestales, mineras y de carácter profesional, por cuanto son ajenas al ámbito mercantil.

- Sociedades estatales, autonómicas, provinciales y locales.

- Sociedades cooperativas.

- Sociedades unipersonales.

- Sociedades agrarias de transformación.

- Asociaciones, fundaciones e instituciones, tanto públicas como privadas y los entes públicos.

- Agrupaciones de interés económico (AIE).

Están también sujetas al IS (sin personalidad jurídica):

- Las uniones temporales de empresas (UTE).

- Los fondos de: pensiones, inversión, capital-riesgo, regulación del mercado hipotecario, titulización, de garantía de inversiones y de activos bancarios.

- Las comunidades de titulares de montes vecinales en mano común.

No son contribuyentes del IS y tampoco tributan en el IRPF, determinados entes sin personalidad jurídica (herencias yacentes, comunidades de bienes, etc.), ni las sociedades civiles sin personalidad jurídica y aquellas que la tengan, pero no tengan objeto mercantil. Las rentas obtenidas por las entidades en el régimen de atribución de rentas se atribuyen a los socios, herederos, comuneros o partícipes, aunque la obtención de rentas la realiza materialmente la propia entidad, que además es contribuyente por el IAE y por el IVA.

d) Ámbito territorial

El IS se exige en todo el territorio español. Sin embargo, su auténtico ámbito espacial de aplicación viene delimitado por la concurrencia en la entidad de que se trate de la cualidad de residente en dicho territorio. De este modo podemos distinguir:

– una obligación personal que afecta a los contribuyentes residentes, por la cual son gravados por la totalidad de su renta («renta mundial»);

– una obligación real, limitada, que afecta a los no residentes, en la medida en que obtengan rentas en el mencionado territorio.

La residencia (art.8 LIS) es la cualidad que determina la jurisdicción en cuyo ámbito puede ejercerse la plena soberanía fiscal española. Se consideran entidades residentes en España las que cumplen cualquiera de los siguientes requisitos:

– que su constitución se haya realizado conforme a las leyes españolas;

– que su domicilio social se halle en territorio español;

– que tengan la sede de dirección efectiva en dicho territorio.

Con las excepciones apuntadas, el IS se exige en todo el territorio español, entendiendo como tal la Península, Islas Baleares, Islas Canarias, Ceuta, Melilla, y las zonas adyacentes a las aguas territoriales sobre las que España puede ejercer los derechos que le corresponden, referentes al suelo, subsuelo marino, aguas supra yacentes, y a sus recursos naturales (LIS art.2).

La Administración tributaria puede, aunque no se cumplan los requisitos anteriores, presumir que una entidad es residente en territorio español cuando está radicada en un territorio calificado como paraíso fiscal o de nula tributación y:

- sus activos principales, directa o indirectamente, son bienes situados en territorio español o derechos que se cumplen o ejercitan en este territorio; o

- su actividad principal se desarrolla en territorio español.

Esta presunción puede destruirse si:

- la entidad acredita que la dirección y efectiva gestión tiene lugar en el país o territorio donde está radicada; y

- la constitución y operativa de la entidad responde a motivos económicos válidos y razones empresariales distintas de la simple gestión de valores u otros activos.

Están sujetos al impuesto por obligación personal los contribuyentes residentes en España. Estos contribuyentes son gravados por la totalidad de la renta que obtengan («renta mundial»), con independencia del lugar donde se haya producido y cualquiera que sea la residencia del pagador.

El domicilio fiscal (art.8.2 LIS) no es, en puridad, un aspecto que afecte a la territorialidad del impuesto. Sin embargo, definida la residencia de un determinado contribuyente con arreglo a las normas expuestas, el domicilio fiscal es el punto de conexión con la Administración tributaria desde el punto de vista de la competencia territorial.

El domicilio fiscal de los contribuyentes del IS residentes en España coincide con su domicilio social, siempre que en este se ejerza la dirección efectiva de la empresa, es decir, la gestión administrativa y la dirección de los negocios. Si dicha dirección efectiva se ejerce en lugar distinto del que constituye el domicilio social, prima el criterio de dirección efectiva para la localización del domicilio fiscal. En defecto de los criterios anteriores, el domicilio fiscal está situado en donde radique el mayor valor del inmovilizado de la entidad.

Si el contribuyente decide efectuar un cambio de domicilio, debe comunicarlo expresamente a la Delegación de la AEAT de su domicilio fiscal, mediante el modelo 036, de declaración censal.

e) Ámbito temporal: período impositivo y devengo

El periodo impositivo del IS coincide con el ejercicio económico de cada entidad, no pudiendo exceder de 12 meses. La fecha de cierre del ejercicio económico o social se determina en los estatutos de las sociedades. En su defecto termina el 31 de diciembre de cada año. El IS se devenga el último día del periodo impositivo.

Aunque no haya finalizado el ejercicio económico, el periodo impositivo se entiende concluido en los siguientes casos:

- Cuando la entidad se extinga.

- Cuando cambie la residencia de la entidad, en territorio español, al extranjero.

- Cuando se transforme la forma jurídica de la entidad y ello determine la no sujeción al IS de la entidad resultante.

- Cuando se produzca una trasformación de la forma jurídica de la entidad o la modificación de su estatuto o de su régimen jurídico, y que ello determine la modificación del tipo de gravamen en el IS o la aplicación de un régimen tributario distinto de la entidad resultante.

f) Esquema de liquidación del IS

RESULTADO CONTABLE

(+/-) Ajustes extracontables:

= BASE IMPONIBLE PREVIA

(- o +) Reducciones en BI previa

(-) Compensación base imponible negativa de ejercicios anteriores

= BASE IMPONIBLE

(X) Tipo de gravamen

= CUOTA ÍNTEGRA

(-) Deducciones por doble imposición

(-) Bonificaciones

= CUOTA ÍNTEGRA AJUSTADA POSITIVA

(-) Deducciones por inversiones y por creación de empleo

= CUOTA LÍQUIDA POSITIVA

(-) Retenciones e ingresos a cuenta

= CUOTA DEL EJERCICIO A INGRESAR O A DEVOLVER

(-) Pagos fraccionados

= CUOTA DIFERENCIAL

(+) Incremento por pérdida de beneficios fiscales de ejercicios anteriores

(+) Intereses de demora

(+) Abono de deducciones I+D+i por insuficiencia de cuota

= LÍQUIDO A INGRESAR O A DEVOLVER

2. Tratamiento de la renta de las sociedades mercantiles

a) La base imponible en el Impuesto sobre Sociedades

La base imponible (BI) es el importe de la renta del periodo impositivo minorada por las bases imponibles negativas de ejercicios anteriores. Se regula el cálculo de la BI con particularidades para regímenes fiscales como el de cooperativas o entidades sin ánimo de lucro.

En el régimen general del IS no se establecen diferentes categorías de renta, ya que esta se obtiene a partir del resultado contable. Dicho resultado es objeto de correcciones para determinar la base imponible, en los términos que la propia normativa del IS establece.

Para determinar la BI, se parte del resultado contable en el método de estimación directa (el aplicado con carácter general, el de estimación objetiva, también, pero en su muy reducido ámbito[37]).

El resultado contable no es asumido de forma incondicional por el IS, en la medida en que ese resultado debe ser objeto de corrección con el propósito de

---

[37] En la actualidad este régimen solo se aplica a las entidades navieras en función del tonelaje.

determinar la base imponible. Estas correcciones sobre el resultado contable obedecen a dos motivos básicos:

– la posible compensación de bases imponibles negativas de ejercicios anteriores;

– la necesidad de efectuar sobre el resultado contable determinados ajustes extracontables, positivos y negativos, exigidos por la norma fiscal. Estos ajustes aparecen como consecuencia de la independencia entre ambas normas, fiscal y contable.

> Base imponible = Resultado contable +/- Ajustes extracontables - Compensación de bases imponibles negativas de períodos impositivos anteriores

a.1 Resultado contable

Según el Plan General Contable el resultado de la empresa es la diferencia entre ventas e ingresos y compras y gastos devengados en el ejercicio.

Los gastos contables son, en general, deducibles fiscalmente, siempre condicionados por el principio de su correlación con los ingresos -de tal suerte que se acredite que se han ocasionado en el ejercicio de la actividad-, y a una correcta imputación temporal y registro contable.

En algunas ocasiones con ciertos límites, por ejemplo, los gastos por atenciones a clientes o proveedores serán deducibles con el límite del 1 por ciento del importe neto de la cifra de negocios del período impositivo. Hasta 2014, la normativa del Impuesto consideraba deducibles tanto los gastos por relaciones públicas con clientes o proveedores, como los gastos realizados para promocionar, directa o indirectamente, la venta de bienes y prestación de servicios. No obstante, a partir del 1 de enero de 2015, los gastos por atenciones a clientes o proveedores sólo son deducibles en un importe equivalente al 1% del importe neto de la cifra de negocios del contribuyente en el período impositivo. Esta limitación a la deducción de este tipo de gastos implica necesariamente que las entidades deban diferenciar de sus gastos «promocionales» cuáles tiene la naturaleza de atenciones a clientes y, por tanto, limitados, de cuáles se realizan para promocionar sus ventas, deducibles en su totalidad. Diferenciación que, en realidad, ya se exigía a efectos del IVA, en la medida en que el IVA soportado en los gastos incurridos por atenciones a clientes no es deducible, mientras que sí lo es el soportado por los gastos incurridos en la promoción de las ventas.

Sobra mencionar al respecto que no es una cuestión exenta de controversia, precisamente, por la delgada línea que separa una tipología de gastos de la otra, puesto que es evidente que cualquier atención a clientes tiene como finalidad última la promoción de las ventas. Y no existe en el ordenamiento jurídico español una definición de ninguno de los dos conceptos, no obstante, la doctrina administrativa ha venido entendiendo hasta el momento que la promoción de las ventas supone la publicidad y la divulgación de la información sobre el producto que pretende venderse, mientras que una atención a un cliente se realiza con la intención de buscar su fidelización y gestionar las relaciones públicas de la empresa.

La norma fiscal señala algunos gastos no deducibles que con carácter general (art. 15 LIS) y matizaciones son: retribuciones a los fondos propios, tributos, multas y sanciones penales y administrativas, pérdidas del juego, donativos y liberalidades, actuaciones contrarias al ordenamiento jurídico, fondos internos para cubrir contingencias análogas a planes y fondos de pensiones, gastos de servicios en operaciones con paraísos fiscales, salvo que se pruebe que corresponden a una operación efectivamente realizada, operaciones híbridas, participaciones en beneficios de los administradores, y pérdidas por deterioros de inmovilizado material, inversiones inmobiliarias e inmovilizado intangible, incluido el fondo de comercio, pérdidas por deterioro de los valores representativos de la participación en el capital o en los fondos propios de entidades o de valores representativos de deuda.

No son deducibles los gastos financieros derivados de deudas con otras entidades del mismo grupo mercantil y que el destino de la deuda sea la adquisición, a otras entidades del mismo grupo, de participaciones en el capital de cualquier otra entidad (forme o no parte del mismo grupo), o bien la aportación al capital o fondos propios de otras entidades del grupo. Se admite la deducibilidad de estos gastos financieros si se acredita que existen motivos económicos válidos para la realización de estas operaciones.

Tampoco serán deducibles los gastos derivados de la extinción de la relación laboral o mercantil o ambas, que excedan, para cada perceptor, de 1.000.000 €, o del importe exento según la Ley del IRPF si fuera superior.

a.2. Los ajustes extracontables

Los ajustes extracontables se configuran como correcciones de valor al resultado contable, que pueden ser positivos o negativos, para así determinar la base imponible del IS, atendiendo a la normativa fiscal.

Su razón de ser viene determinada por las diferencias entre el resultado contable y el fiscal, las cuales se producen por diferentes motivos, como, por ejemplo, en el caso de las multas, que se registran en la contabilidad pero que no son deducibles fiscalmente. Por lo tanto, si hay gastos contabilizados que no son fiscalmente deducibles, los contribuyentes tendrán que realizar ajustes positivos para incrementar su base imponible en la cuantía de los gastos no deducibles. Los ingresos imputables que sean mayores a los registrados contablemente tendrán la misma consideración.

Por el contrario, si existen gastos fiscalmente deducibles mayores que los contabilizados, o cuando los ingresos imputables sean menores que los registrados contablemente, el contribuyente podrá realizar un ajuste negativo reduciendo su base imponible en el importe correspondiente.

Si el resultado contable y el fiscal coincidieran, no procederá efectuar ajuste extracontable alguno.

Por ejemplo,

Concepto	Datos Contables	Datos fiscales
Ingreso 1	100	100
Ingreso 2	100	0
Gasto 1	100	100
Gasto 2	100	0

En el caso de «Ingreso 1», no se realiza ajuste.

En el caso de «Ingreso 2», ajuste negativo de 100.

En el caso de «Gasto 1», no se realiza ajuste.

En el caso de «Gasto 2», ajuste positivo de 100.

Antes de la compensación de bases imponibles negativas, podrán practicarse, entre otras, las siguientes reducciones:

- Reducción de las rentas procedentes de determinados activos intangibles (Patent box): tiene como finalidad estimular la realización de actividades de creación de conocimientos técnicos con aplicación industrial o comercial en el marco de una actividad innovadora, de forma que la explotación de tales conocimientos mediante la cesión de su uso a terceros o su transmisión tiene un tratamiento especial consistente en integrar en la base imponible de la entidad cedente sólo una parte de la renta obtenida en la cesión. Existen dos regímenes en función de si la fecha de cesión y transmisión de los activos intangibles es anterior o posterior al 1 de julio de 2016. A partir de la fecha indicada se han aprobado pequeñas modificaciones en el importe de la reducción, en los requisitos exigidos, intangibles cuyas rentas dan derecho a reducción, así como la posibilidad de que las rentas afectadas sean positivas o negativas.

- Reserva de capitalización: para los períodos impositivos iniciados a partir de enero de 2015 se introdujo la reserva de capitalización con la finalidad de estimular que las empresas se capitalicen con los beneficios obtenidos premiando fiscalmente su no distribución. Esta medida permite que las empresas que tributen al tipo general o al tipo incrementado (30% a partir de 2016) puedan reducir la base imponible previa del período impositivo en el importe del 10% de los beneficios obtenidos en el período impositivo inmediato anterior que no sean objeto de distribución en el período impositivo en el que se reduce la base imponible, siempre que el importe de tales beneficios no distribuidos se mantengan en los fondos propios de la entidad durante un período de cinco años desde el cierre del ejercicio que corresponde al período impositivo en que se ha practicado esta reducción. La forma de determinar la base de la reducción es el beneficio no distribuido generado en el ejercicio inmediato anterior, siempre que no se hayan distribuido dividendos con cargo a esos beneficios o con cargo a reservas. Para poder practicar esta reducción en base es necesario dotar una reserva indisponible durante el plazo de cinco años, por el importe de la reducción.

Para el cálculo del incremento de los fondos propios producido en el ejercicio 2018 habrá que aplicar la siguiente fórmula:

Fondos propios a 31/12/2018 – Resultados 2018 – Reserva legal a 31/12/2018
— Fondos propios a 01/01/2018 – Resultados 2017 – Reserva legal a 01/01/2018
= Incremento de fondos propios en 2018

La reducción que puede aplicarse, de conformidad con el artículo 25 de la LIS, es el incremento de fondos propios (en €) x 0,1 (10 por ciento).

a.3. Compensación con bases negativas anteriores

Para los periodos impositivos iniciados a partir del 1 de enero de 2015 la BI negativa de un periodo impositivo puede ser compensada con las rentas positivas generadas en los periodos impositivos siguientes a aquel en que se originó la BI negativa sin limitación temporal (18 años en los periodos impositivos iniciados con anterioridad).

El plazo ilimitado se aplica a las BI negativas pendientes de compensar al comienzo del primer periodo impositivo que se inicie a partir del 1 de enero de 2015, cualquiera que sea el periodo impositivo en el que se hubiesen generado tales BI negativas.

Con efectos para los períodos impositivos iniciados a partir del 1 de enero de 2016, el importe de la compensación está limitado a los siguientes porcentajes en función del importe neto de la cifra de negocios durante los 12 meses anteriores a la fecha en que se inicie el período impositivo:

Inferior a 20.000.000 €: 70 % (60% en 2016)

20.000.000 € a 60.000.000 €: 50%

Más de 60.000.000 €: 25%

El límite máximo de compensación de bases imponibles negativas es 1.000.000 €.

Los referidos porcentajes se calculan respecto de la BI previa a la aplicación de la reserva de capitalización y a la propia compensación de la BI negativa. No obstante, no se aplica la limitación en los siguientes supuestos: importe mínimo de 1.000.000 €, quitas y esperas (no opera el límite máximo de 1.000.000 €), extinción de la entidad, entidades de nueva creación y reversión de deterioros.

b) Tipo de gravamen y cuota íntegra

El tipo de gravamen es el porcentaje que multiplicado por la BI permite obtener la cuota íntegra. El resultado puede ser positivo (cuando así lo sea la BI) o cero (BI cero o negativa).

Los tipos de gravamen aplicables son los siguientes, para períodos impositivos iniciados a partir del 1 de enero de 2016:

- Tipo de gravamen general: 25%

- Cooperativas de crédito, Cajas rurales, Mutuas de seguros generales, Mutualidades de previsión social, Sociedades de garantía recíproca, Sociedades de reafianzamiento de SGR, Entidades parcialmente exentas, Partidos políticos, Comunidades titulares de montes vecinales en mano común: 25%

Tipos de gravamen especiales, destacan:

- Tipo reducido del 23% para las entidades cuyo importe neto de la cifra de negocios (INCN) sea inferior a 1 millón de euros

- Entidades de reducida dimensión: 25%

- Microempresas: 25%

- Entidades de nueva creación (excepto las que deban tributar a un tipo inferior), que realicen actividades económicas, en el primer período impositivo en que la BI resulte positiva y en el siguiente: 15%

- Cooperativas fiscalmente protegidas: 20% (los resultados extra-cooperativos irán al tipo general)

- Entidades sin fines lucrativos que apliquen el régimen fiscal previsto en la Ley 49/2002: 10%

- Sociedades y Fondos de Inversión y Fondos de activos bancarios: 1%

c) Tratamiento de doble imposición

Para evitar la doble imposición existen dos métodos:

- Exención: las rentas percibidas de entidades (dividendos, plusvalías, beneficios de establecimientos permanentes, etc.) no se integran en la base imponible de la entidad que las recibe. Es decir, tales rentas tributan exclusivamente en sede de la entidad que las genera y, cuando son recibidas por otro contribuyente, no se produce ninguna imposición adicional en el mismo.

- Imputación: las rentas señaladas se integran en la base imponible de la entidad que las percibe, deduciendo de su cuota íntegra cierto importe satisfecho en concepto de impuesto de la misma naturaleza, para así evitar la doble imposición.

c1. Método de exención para la eliminación de la doble imposición

Al objeto de evitar la doble imposición, la normativa del IS cuenta con las siguientes medidas relativas al método de exención:

- El método de exención para evitar la doble imposición económica interna e internacional sobre dividendos y rentas derivadas de la transmisión de valores representativos del capital de entidades, tanto residentes en territorio español como en el extranjero.

- El método de exención para evitar la doble imposición jurídica internacional sobre las rentas obtenidas en el extranjero a través de establecimientos permanentes

La Ley 27/2014 del Impuesto sobre Sociedades incorpora un régimen de exención general para participaciones significativas, aplicable tanto en el ámbito interno como internacional, eliminando en este segundo ámbito el requisito relativo a la realización de actividad económica, si bien se incorpora un requisito de tributación mínima que se establece en el 10% de tipo nominal, entendiéndose cumplido este requisito en el supuesto de países con los que se haya suscrito un Convenio para evitar la doble imposición internacional.

c2. Método de aplicación de deducciones por doble imposición

Permiten evitar la doble imposición de rentas que ya han tributado en otra sociedad. La doble imposición puede ser:

- Por impuestos soportados: la misma renta de un sujeto pasivo se grava en dos estados diferentes por un mismo tributo. Cuando la sociedad residente integre rentas gravadas en el extranjero podrá deducir el menor de:

  - El impuesto satisfecho en el extranjero

  - El que correspondería pagar en España por dichas rentas. La parte del impuesto pagado en el extranjero que no diera derecho a la deducción en la cuota íntegra, tiene la consideración de gasto deducible.

- Por dividendos y participaciones en beneficios: cuando una sociedad matriz residente en España percibe dividendos o participaciones en beneficios de sus filiales extranjeras, gravados en el extranjero podrá deducir: el impuesto pagado por los beneficios con cargo a los que se abonan los dividendos, en la cuantía correspondiente, con requisitos.

Con efectos para los períodos impositivos que se inicien a partir de 1 de enero de 2016, para contribuyentes cuyo importe neto de la cifra de negocios sea al menos de 20.000.000 € durante los 12 meses anteriores a la fecha en que se inicie el período impositivo, el importe de las deducciones para evitar la doble imposición internacional no podrá exceder conjuntamente del 50% de la cuota íntegra del contribuyente.

d) Bonificaciones

Para calcular la cuota íntegra ajustada positiva se aplican sobre la cuota íntegra las siguientes bonificaciones (con requisitos), además de las mencionadas Deducciones para evitar la doble imposición.

Se destacan:

- 50% de bonificación de la cuota del IS correspondiente a rentas obtenidas en Ceuta, Melilla, por las entidades que allí operen.

- 50% de bonificación de la cuota del IS correspondiente a resultados obtenidos por las cooperativas especialmente protegidas.

- 85% de bonificación de la cuota íntegra correspondiente a las rentas derivadas del arrendamiento de viviendas que cumplan los requisitos exigidos para aplicar este régimen fiscal especial.

- 99% de bonificación de la cuota íntegra correspondiente a las rentas derivadas de la prestación de servicios públicos locales cuando se presten en régimen de gestión directa mediante empresa privada de capital íntegramente público y salvo que se explote por sistema de empresa mixta o de capital íntegramente privado.

Existen deducciones para incentivar determinadas actividades

Se practican tras las deducciones para evitar la doble imposición y las bonificaciones. Sólo es deducible un porcentaje de la inversión efectuada (% de deducción) cuyo valor varía de unas modalidades a otras de inversión. Son un incentivo fiscal para estimular la realización de diversas actividades:

- Investigación y desarrollo.

- Innovación tecnológica.

- Producciones cinematográficas -españolas y extranjeras- y espectáculos en vivo.

Las Leyes de Presupuestos de cada año son las que establecen los incentivos fiscales oportunos para la ejecución de la política económica.

e) Retenciones e ingresos a cuenta

Practicadas las deducciones por inversiones sobre la cuota íntegra ajustada positiva o cuota íntegra minorada, se obtiene la cuota líquida positiva del ejercicio (cero o positiva). A esta cantidad se le restan las retenciones e ingresos a cuenta, dando lugar a la cuota del ejercicio a ingresar o devolver.

Con carácter general, están obligadas a retener las entidades, las personas físicas que ejerzan actividades económicas y los no residentes que operen en España mediante establecimiento permanente, que satisfagan rentas sujetas al IS.

Están sometidas, entre otras, a retención:

- Rentas de capital mobiliario.

- Premios de juegos, concursos, rifas o combinaciones aleatorias, estén o no vinculados a la oferta, promoción o venta de determinados bienes, productos o servicios o venta de determinados bienes, productos o servicios y los premios de loterías y apuestas que estén sujetos y no exentos del gravamen especial de determinadas loterías y apuestas.

- Contraprestaciones obtenidas por los cargos de administrador o consejero en otras sociedades.

- Rentas obtenidas de la cesión del derecho a la explotación de la imagen o del consentimiento o autorización, aun cuando se obtengan en el desarrollo de una actividad económica.

- Rentas procedentes del arrendamiento o subarriendo de inmuebles urbanos, aun cuando constituyan ingresos derivados de explotaciones económicas.

- Rentas obtenidas por las transmisiones o reembolsos de acciones o participaciones representativas del capital o patrimonio de instituciones de inversión colectiva.

Asimismo, cuando las rentas anteriores se abonen en especie, deberá practicarse el correspondiente ingreso a cuenta.

f) Pagos fraccionados

Para obtener la cuota diferencial se tienen en cuenta los pagos fraccionados. Los contribuyentes del IS tienen la obligación de efectuar un pago fraccionado a cuenta de la liquidación correspondiente al período impositivo que esté en curso el día 1 de los meses de abril, octubre y diciembre.

f.1. Modalidades de pagos fraccionados

Hay dos modalidades para determinar la base de los pagos fraccionados.

- Modalidad aplicable con carácter general, en función de la cuota líquida de la última declaración.

  El pago fraccionado se calcula aplicando el 18% sobre la cuota íntegra del último período impositivo cuyo plazo reglamentario de declaración estuviese vencido el primer día de los 20 naturales de los meses de abril, octubre o diciembre minorada por las deducciones y bonificaciones a las que tenga derecho el sujeto pasivo y por las retenciones e ingresos a cuenta.

  Si el resultado es cero o negativo, no existe obligación de presentar la declaración.

  Si el último período impositivo tiene una duración inferior al año, se toma igualmente la parte proporcional de la cuota de períodos impositivos anteriores, hasta completar un período de 12 meses.

- Modalidad opcional (obligatoria si el importe neto de la cifra de negocios es superior a 6.000.000 €), en función de la base imponible del ejercicio.

  El pago fraccionado se calcula sobre la BI del periodo de los 3, 9 u 11 primeros meses de cada año natural deduciendo las bonificaciones, las retenciones e ingresos a cuenta practicados, así como los pagos fraccionados efectuados.

f.2. Cálculo del pago fraccionado

Se aplican las siguientes reglas para el cálculo del pago fraccionado:

Contribuyente cuyo importe neto de la cifra de negocios no haya superado 10.000.000 € durante los 12 meses anteriores a la fecha en que se inicie el periodo impositivo: el porcentaje a aplicar es 5/7 por el tipo de gravamen redondeado por defecto. (Si aplican el tipo general: 17%).

Contribuyente cuyo importe neto de la cifra de negocios sea al menos de 10.000.000 € durante los 12 meses anteriores a la fecha en que se inicie el periodo impositivo: el porcentaje a aplicar es 19/20 por el tipo de gravamen redondeado por exceso. (Si aplican el tipo general: 24%).

Si el período impositivo no coincide con el año natural, se toma como BI la de los días transcurridos desde el inicio del período impositivo hasta el día anterior al inicio de los períodos señalados anteriormente (31 de marzo, 30 de septiembre y 30 de noviembre). En estos casos, el pago fraccionado es a cuenta de la liquidación correspondiente al período impositivo que esté en curso el día anterior al inicio de cada uno de los citados períodos.

De la cuota resultante se deducen las bonificaciones que fueran de aplicación, las retenciones e ingresos a cuenta practicados y los pagos fraccionados del período impositivo.

Se establece la obligación de realizar un pago fraccionado mínimo cuando este sea superior al importe que resulte de aplicar los criterios generales para esta segunda modalidad, cuando este sea superior al importe que resulte de aplicar los criterios generales para esta segunda modalidad, solo para contribuyentes cuyo importe neto de la cifra de negocios en los 12 meses anteriores al inicio del periodo impositivo sea al menos de 10.000.000 €.

Se opta por la segunda modalidad presentando el modelo 036 de declaración censal, en febrero del año a partir del cual debe surtir efectos, siempre que el período impositivo al que se refiere la citada opción coincida con el año natural; si no, el plazo será el de 2 meses a contar desde el inicio de dicho período impositivo o dentro del plazo comprendido entre este inicio y la finalización del plazo para efectuar el primer pago fraccionado correspondiente al referido período impositivo cuando este último plazo fuera inferior a 2 meses.

Realizada la opción, el contribuyente queda obligado respecto de los pagos fraccionados de los mismos períodos impositivos y siguientes, salvo renuncia a su aplicación presentando el modelo 036 de declaración censal en los mismos plazos.

No existe obligación de practicar pagos fraccionados en el primer ejercicio económico de la entidad, ya que no es posible aplicar la primera modalidad, al ser la cuota igual a cero. No obstante, se puede optar por aplicar la segunda modalidad.

f.3. Modelos de pagos fraccionados

Modelo 202: pago fraccionado. Régimen General. Obligatorio presentarlo para grandes empresas, aunque no deban efectuar ingreso (con alguna excepción). No hay obligación de presentarlo en declaraciones sin ingreso o cuota cero.

Modelo 222: pago fraccionado. Régimen de tributación de los grupos de sociedades. Obligatoria su presentación, aunque no deba efectuarse ingreso alguno.

f.4. Forma de presentación

El modelo 202 y 222 se presentarán obligatoriamente por Internet con certificado electrónico.

Plazo de presentación

La presentación e ingreso se realiza entre el 1 y el 20 de abril, octubre y diciembre.

g) Declaración del IS

Respecto al plazo de presentación, la declaración del IS deberá presentarse dentro de los 25 días naturales siguientes a los 6 meses posteriores a la conclusión del periodo impositivo. Así, en general, para sujetos pasivos cuyo ejercicio económico coincida con el año natural, el plazo es el de los 25 primeros días naturales del mes de julio.

Los sujetos pasivos cuyo período impositivo coincida con el año natural y presenten por Internet la declaración del IS, pueden domiciliar el pago (del 1 a 20 de julio).

En el caso de que el período impositivo no coincida con el año natural y finalice un mes con 30 días, el plazo de los 6 meses debe computarse de fecha a fecha. Esto es, si finaliza el período impositivo el 30 de junio, el plazo de seis meses concluiría el 30 de diciembre del mismo año. A partir de esta fecha se computarán los 25 días naturales, consecuentemente, el plazo empezaría a computar el 31 de diciembre concluyendo el 24 de enero del año siguiente.

En las localidades en que el último día del plazo voluntario de presentación sea festivo o sábado, los contribuyentes podrán presentar la declaración del IS hasta el primer día hábil siguiente.

Es posible pagar la deuda tributaria entregando los bienes integrantes del Patrimonio Histórico Español, inscritos en el Inventario General de Bienes Muebles o en el Registro General de Bienes de Interés Cultural.

h) Modelos de autoliquidaciones del IS

Modelo 200: declaración del IS e IRNR (establecimientos permanentes y entidades en régimen de atribución de rentas constituidas en el extranjero con presencia en territorio español). De uso general por contribuyentes sometidos al IS, cualquiera que sea la actividad y el tamaño de la empresa.

Modelo 220: declaración del IS. Régimen de tributación de los grupos de sociedades. Obligatorio para las sociedades dominantes de los grupos, incluidos los de cooperativas, que tributen en régimen de consolidación fiscal. El grupo presentará el modelo 220 y además, todas las empresas que lo integran presentarán la correspondiente declaración individual en el modelo 200.

El modelo 200 y 220 se presentarán obligatoriamente por Internet con certificado electrónico.

3. Tratamiento de la renta de las entidades sin fines lucrativos

La Ley 49/2002, de 23 de diciembre, de régimen fiscal de las entidades sin fines lucrativos y de los incentivos fiscales al mecenazgo, en su artículo 2,

considera entidades sin fines lucrativos a los efectos de esta Ley, siempre que cumplan los requisitos establecidos en el artículo 3 de la misma a:

"a) Las fundaciones.

b) Las asociaciones declaradas de utilidad pública.

c) Las organizaciones no gubernamentales de desarrollo a que se refiere la Ley 23/1998, de 7 de julio, de Cooperación Internacional para el Desarrollo, siempre que tengan alguna de las formas jurídicas a que se refieren los párrafos anteriores.

d) Las delegaciones de fundaciones extranjeras inscritas en el Registro de Fundaciones.

e) Las federaciones deportivas españolas, las federaciones deportivas territoriales de ámbito autonómico integradas en aquéllas, el Comité Olímpico Español y el Comité Paralímpico Español.

f) Las federaciones y asociaciones de las entidades sin fines lucrativos a que se refieren los párrafos anteriores".

Esta distinción nos deriva a dos casos:

a) Entidades sin ánimo de lucro que se pueden acoger al régimen especial del mecenazgo

b) Entidades sin ánimo de lucro que no se pueden acoger al régimen especial del mecenazgo

a) Entidades que se pueden acoger al régimen especial del mecenazgo

La opción por este régimen fiscal se ejercita a través de la Declaración Censal, modelo 036, casilla 624, según establece la Orden HAC/1274/2007, de 16 de abril por la que se aprueba el modelo 036 de declaración censal de alta, modificación y baja en el censo de obligados tributarios y se establecen el ámbito y las condiciones generales para su presentación.

En una entidad acogida a la Ley de Mecenazgo, aplicarán el régimen fiscal del capítulo II del título III de la Ley 49/2002 y las siguientes rentas estarán exentas del Impuesto sobre Sociedades:

- Las cuotas de asociados, colaboradores o benefactores, siempre que estas se correspondan con el derecho a percibir una prestación derivada de explotaciones económicas exentas.

- Las donaciones para colaborar con los fines de la entidad, incluidas las aportaciones o donaciones en concepto de dotación patrimonial, Convenios de Colaboración y contratos de Patrocinio Publicitario.

- Subvenciones destinadas a explotaciones económicas exentas y las rentas

procedentes de tales explotaciones.

- Las rentas derivadas de adquisiciones o transmisiones por cualquier título, gratuito u onerosos, de bienes y derechos.

• Las rentas procedentes de su patrimonio inmobiliario y mobiliario perteneciente a la entidad, como son los alquileres, intereses, cánones, dividendos y participaciones en beneficios de sociedades.

Solo determinadas explotaciones económicas se consideran exentas del Impuesto sobre Sociedades, en las entidades sujetas a la Ley de Mecenazgo, que recoge, en su artículo 7, una enumeración de carácter exhaustivo y cerrado, de las explotaciones económicas que se consideran exentas y que son las siguientes: Las explotaciones económicas de prestación de servicios de promoción y gestión de la acción social, así como los de asistencia social e inclusión social que se indican a continuación, incluyendo las actividades auxiliares o complementarias de aquellos, como son los servicios accesorios de alimentación, alojamiento y transporte, etc…).

De conformidad a lo establecido en el artículo 8.1 de la Ley de Mecenazgo estarán sujetas al Impuesto las rentas derivadas de explotaciones económicas no exentas, es decir aquellas explotaciones no incluidas en el artículo 7 de la Ley.

Estas entidades sin fines lucrativos que opten por el régimen fiscal previsto en la Ley 49/2002 aplicarán un tipo reducido del 10%.

b) Entidades que se pueden acoger al régimen especial del mecenazgo (parcialmente exentas)

Por su parte, la letra a) del apartado 3 del artículo 9 de la Ley 27/2014, de 27 de noviembre, del Impuesto sobre Sociedades, considera como entidades parcialmente exentas a las entidades e instituciones sin ánimo de lucro a las que no resulte de aplicación el título II de la Ley 49/2002, de 23 de diciembre, de régimen fiscal de las entidades sin fines lucrativos y de los incentivos fiscales al mecenazgo.

Así, una asociación sin ánimo de lucro, pero que no ha sido declarada de utilidad pública –caso normal–, no podrá serle de aplicación el régimen previsto en la Ley 49/2002, de 23 de diciembre de régimen fiscal de las entidades sin fines lucrativos y de los incentivos fiscales al mecenazgo.

Sin embargo, al ser una asociación sin ánimo de lucro, tiene la consideración de entidad parcialmente exenta resultándole de aplicación el régimen especial previsto en el capítulo XIV del título VII de la LIS.

La aplicación del mencionado régimen especial supone que, tal y como establece el artículo 110 de LIS, que, estarán exentas del Impuesto sobre Sociedades las siguientes rentas:

" (…).

a) Las que procedan de la realización de actividades que constituyan su objeto social o finalidad específica, siempre que no tengan la consideración de actividades económicas. En particular, estarán exentas las cuotas satisfechas por los asociados, colaboradores o benefactores, siempre que no se correspondan con el derecho a percibir una prestación derivada de una actividad económica.

(…).

b) Las derivadas de adquisiciones y de transmisiones a título lucrativo, siempre que unas y otras se obtengan en cumplimiento de su objeto social o finalidad específica.

c) Las que se pongan de manifiesto en la transmisión onerosa de bienes afectos a la realización del objeto social o finalidad específica cuando el importe obtenido se destine a nuevas inversiones relacionadas con dicho objeto social o finalidad específica.

(…).

2. La exención a que se refiere el apartado anterior no alcanzará a los rendimientos derivados de explotaciones económicas, ni a los derivados del patrimonio, ni a las rentas obtenidas en transmisiones, distintas de las señaladas en él."

Por otra parte, el artículo 5 de la LIS, define actividad económica de la siguiente forma:

"1. Se entenderá por actividad económica la ordenación por cuenta propia de los medios de producción y de recursos humanos o de uno de ambos con la finalidad de intervenir en la producción o distribución de bienes o servicios.

(..)."

En definitiva, las rentas obtenidas por la entidad consultante estarán exentas, siempre que procedan de la realización de su objeto social o finalidad específica y no deriven ni del ejercicio de una explotación económica.

Si la entidad realizase actividades que determinasen la existencia de actividad económica, en los términos definidos en el artículo 110 de la LIS, las rentas procedentes de tales actividades estarían sujetas y no exentas, tanto si las operaciones se realizasen con terceros ajenos a la asociación como con los propios asociados.

Por tanto, se debe estudiar caso por caso si se lleva a cabo una actividad que supone la ordenación por cuenta propia de medios materiales y/o humanos con la finalidad de intervenir en la producción o distribución de bienes o servicios. En consecuencia, los ingresos derivados de la prestación de tales servicios o entregas estarán sujetos y no exentos en el Impuesto sobre Sociedades. Del mismo modo, las donaciones, subvenciones o cuotas de los asociados percibidas por la asociación que se utilicen para financiar la actividad económica desarrollada estarán sujetas y no exentas al Impuesto. Ahora bien, el desarrollo y la existencia de una explotación económica que suponga la ordenación por cuenta propia de los medios materiales y humanos, son cuestiones de hecho que admiten prueba en contrario ante los órganos competentes de la Administración tributaria mediante cualquier medio de prueba válido en Derecho.

Una vez sentado lo anterior, de acuerdo con lo establecido en el artículo 111 de la LIS, la base imponible se determinará aplicando las normas previstas en el título IV de la misma Ley, y no tendrán la consideración de gastos fiscalmente deducibles, además de los establecidos en el artículo 15, los siguientes:

"a) Los gastos imputables exclusivamente a las rentas exentas. Los gastos parcialmente imputables a las rentas no exentas serán deducibles en el porcentaje que representen los ingresos obtenidos en el ejercicio de explotaciones económicas no exentas respecto de los ingresos totales de la entidad.

b) Las cantidades que constituyan aplicación de resultados y, en particular, de los que se destinen al sostenimiento de las actividades exentas a que se refiere el párrafo a) del apartado 1 del artículo anterior."

En cuanto a las obligaciones de declaración, cabe remitirse a lo dispuesto en el apartado 3 del artículo 124 de la LIS en el que se regulan las obligaciones de declaración de las entidades parcialmente exentas, en los siguientes términos:

"3. Los contribuyentes a que se refieren los apartados 2, 3 y 4 del artículo 9 de esta Ley estarán obligados a declarar la totalidad de sus rentas, exentas y no exentas.

No obstante, los contribuyentes a que se refiere el apartado 3 del artículo 9 de esta Ley no tendrán obligación de presentar declaración cuando cumplan los siguientes requisitos:

a) Que sus ingresos totales no superen 50.000 euros anuales.

b) Que los ingresos correspondientes a rentas no exentas no superen 2.000 euros anuales.

c) Que todas las rentas no exentas que obtengan estén sometidas a retención."

Así, las entidades estarían obligadas a presentar declaración por este impuesto siempre y cuando no se cumplan alguno de los requisitos previstos en el apartado 3 del artículo 124 de la LIS.

En relación con el tipo impositivo aplicable al ser una entidad de nueva creación, hay que señalar lo siguiente:

El artículo 29.1 de la LIS, dispone que:

"1. El tipo general de gravamen para los contribuyentes de este Impuesto será el 25 por ciento.

No obstante, las entidades de nueva creación que realicen actividades económicas tributarán, en el primer período impositivo en que la base imponible resulte positiva y en el siguiente, al tipo del 15 por ciento, excepto si, de acuerdo con lo previsto en este artículo, deban tributar a un tipo inferior.

A estos efectos, no se entenderá iniciada una actividad económica:

a) Cuando la actividad económica hubiera sido realizada con carácter previo por otras personas o entidades vinculadas en el sentido del artículo 18 de esta Ley y transmitida, por cualquier título jurídico, a la entidad de nueva creación.

b) Cuando la actividad económica hubiera sido ejercida, durante el año anterior a la constitución de la entidad, por una persona física que ostente una participación, directa o indirecta, en el capital o en los fondos propios de la entidad de nueva creación superior al 50 por ciento.

No tendrán la consideración de entidades de nueva creación aquellas que formen parte de un grupo en los términos establecidos en el artículo 42 del Código de Comercio, con independencia de la residencia y de la obligación de formular cuentas anuales consolidadas.

El tipo de gravamen del 15 por ciento previsto en este apartado no resultará de aplicación a aquellas entidades que tengan la consideración de entidad patrimonial, en los términos establecidos en el apartado 2 del artículo 5 de esta Ley."

En definitiva, lo que hay que tener en cuenta es que no hay obligación de presentar declaración (modelo 200) si se cumplen todos los requisitos del art. 124.3 de la LIS (ingresos totales $\leq$ 50.000 €, ingresos no exentos $\leq$ 2.000 € y 100% de las rentas no exentas con retención).

4. Régimen fiscal de las cooperativas

Constituyen la normativa estatal reguladora de las Cooperativas, la Ley 20/1990, de 19 de diciembre, sobre Régimen Fiscal de las Cooperativas y la Ley 27/1999, de 16 de julio, de Cooperativas.

a) Ámbito de aplicación

Respecto al ámbito de aplicación debemos indicar que las Sociedades Cooperativas fiscalmente protegidas se clasificarán en dos grupos:

- Cooperativas protegidas: las que se ajusten a los principios y disposiciones de la Ley 27/1999 de Cooperativas o de las leyes de Cooperativas de las Comunidades Autónomas que tengan competencia en esta materia, y no incurran en ninguna de las causas previstas en el artículo 13 Ley 20/1990 sobre Régimen Fiscal de las Cooperativas, sobre pérdida de la condición de Cooperativa fiscalmente protegida.

- Cooperativas especialmente protegidas: Cooperativas de Trabajo Asociado, Cooperativas Agrarias, Cooperativas de Explotación Comunitaria de la Tierra, Cooperativas del Mar, Cooperativas de Consumidores y Usuarios.

b) Base Imponible

Las cooperativas tributan en el Impuesto sobre Sociedades. La Base Imponible se compone de resultados cooperativos y resultados extra cooperativos. El 50% de la parte de unos y otros que se destine obligatoriamente al Fondo de Reserva Obligatorio es deducible de la Base Imponible.

c) Tipo de gravamen

La parte de la Base Imponible que corresponde a los resultados cooperativos tributa al 20% (al 25% para las cooperativas de crédito) y la parte que corresponde a los resultados extracooperativos tributa al tipo general.

d) Libertad de amortización

Excepto las cooperativas de crédito, gozan de libertad de amortización los elementos del activo fijo nuevos que hayan sido adquiridos en el plazo de 3 años a partir de la inscripción en el Registro de Cooperativas y Sociedades Anónimas Laborales del Ministerio de Empleo y Seguridad Social, o, en su caso, de las Comunidades Autónomas.

La cantidad fiscalmente deducible en concepto de libertad de amortización, una vez practicada la amortización normal de cada ejercicio en cuantía no inferior a la mínima, no podrá exceder del importe del saldo de la cuenta de resultados cooperativos disminuido en las aplicaciones obligatorias al Fondo de Reserva Obligatoria y participaciones del personal asalariado.

e) Compensación de pérdidas

Si la suma algebraica de las cantidades resultantes de aplicar los tipos de gravamen correspondientes a las bases imponibles derivadas de los resultados cooperativos y extracooperativos, positivas o negativas, resultase negativa, su importe podrá compensarse por la cooperativa con las cuotas íntegras positivas de los periodos impositivos que concluyan en los quince años inmediatos y sucesivos.

Este procedimiento sustituye a la compensación de bases imponibles negativas prevista en el artículo 25 LIS y por tanto, no resultarán de aplicación a las cooperativas las limitaciones establecidas a la compensación de bases imponibles negativas.

f) Incentivos fiscales a las cooperativas especialmente protegidas

Con carácter general: Bonificación del 50% de la cuota íntegra minorada previamente, en su caso, por las cuotas negativas de ejercicios anteriores pendientes de compensar.

Para las cooperativas de trabajo asociado que cumplan determinados requisitos: bonificación del 90% (durante 5 años) de la cuota íntegra.

Para las explotaciones agrarias asociativas prioritarias: bonificación del 80% de la cuota íntegra.

PREGUNTAS TEST DEL TEMA 4. ACTIVIDAD ECONOMICA EN EL IMPUESTO SOBRE SOCIEDADES

1. El Impuesto sobre Sociedades:

a) Es directo, personal, proporcional y periódico

b) Es indirecto, progresivo y periódico

c) Es progresivo y personal

d) Todas las respuestas anteriores son incorrectas

2. ¿Cuál es el tipo impositivo de las entidades incluidas en el ámbito de aplicación de la Ley 49/2002?

a) 25%

b) 30%

c) 10%

d) 40%

3. El devengo del Impuesto sobre Sociedades:

a) Se produce el primer día del periodo impositivo

b) Se produce el último día del periodo impositivo

c) No tiene un momento concreto

d) Ninguna de las respuestas es correcta

4. Las entidades acogidas al régimen especial de la Ley 49/2002 ¿Están obligadas a presentar declaración del Impuesto sobre Sociedades?

a) No, de ninguna manera

b) Sólo las que no estén exentas

c) Solo las exentas

d) Todas las rentas, incluidas las exentas

5. ¿En qué casilla del modelo 036 se debe poner de manifiesto que la entidad se acoge al régimen de la Ley 49/2002?

a) En la casilla 623 de exención total

b)	En la casilla 624 de exención parcial

c)	No hay que ponerlo de manifiesto

d)	Ninguna de las respuestas anteriores es correcta

6.	¿Qué rentas están exentas de tributar en el caso de una entidad sin fines lucrativos no incluida en el ámbito de aplicación de la Ley 49/2002?

a)	Las derivadas de la adquisición o transmisión onerosa cuando no reviertan en su objeto social

b)	Las generadas por la transmisión onerosa de los bienes afectos a su objeto social que reviertan en sí mismo

c)	Las rentas derivadas de las adquisiciones a título gratuito para cumplir aunque no reviertan el objeto social

d)	Todas las respuestas anteriores son correctas

7.	¿Cuál es el tipo impositivo aplicable a las entidades sin fines lucrativos no incluidas en el ámbito de aplicación de la Ley 49/2002?

a)	30%

b)	5%

c)	10%

d)	25%

8.	Las cuotas de los asociados de las entidades acogidas a la Ley 49/2002:

a)	Están sujetas y no exentas de tributación en el Impuesto sobre Sociedades

b)	Están sujetas pero exentas

c)	Están no sujetas

d)	Ninguna de las respuestas anteriores es correcta

9.	El régimen fiscal de las entidades sin fines lucrativos no incluidas en el ámbito de aplicación de la Ley 49/2002:

a)	Se encuentra regulado en la Ley del Impuesto sobre Sucesiones y Donaciones

b)	Se encuentra regulado en la Ley del Impuesto sobre Transmisiones Patrimoniales y Actos Jurídicos Documentados

c) Se encuentra regulado en la Ley del Impuesto sobre Sociedades

d) No existe ningún régimen fiscal particular aplicable a estas entidades

10. ¿Qué porcentaje de exención se aplica a las rentas procedentes de donaciones en entidades incluidas en la Ley 49/2002?

a) 50%

b) 60%

c) 75%

d) 100%

TEMA 5. El tráfico de bienes y servicios en el IVA

1. Las entregas de bienes y prestaciones de servicios en el IVA

Están sujetas al IVA las entregas de bienes y prestaciones de servicios realizadas en territorio de aplicación del impuesto por empresarios o profesionales a título oneroso, en el desarrollo de sus actividades económicas. Son sujetos pasivos del mismo las personas físicas, personas jurídicas y entidades sin personalidad jurídica.

El IVA se aplica en el territorio peninsular español y las Islas Baleares, con inclusión de las islas adyacentes, el mar territorial hasta el límite de 12 millas náuticas y el espacio aéreo correspondiente a todos estos territorios. Se excluyen del ámbito del impuesto el Archipiélago Canario, y Ceuta y Melilla.

Las operaciones sujetas a IVA no lo están al concepto "transmisiones patrimoniales onerosas" del ITP y AJD. Ambos impuestos son incompatibles entre sí: el IVA grava las operaciones empresariales y el ITP y AJD las no empresariales.

a) Actividades no sujetas y actividades exentas del IVA

No están sujetas al IVA entre otras y cumpliendo los requisitos que en cada caso se determinen:

- La transmisión de un conjunto de elementos corporales e incorporales que, formando parte del patrimonio empresarial o profesional del sujeto pasivo, constituyan una unidad económica autónoma para el transmitente capaz de desarrollar una actividad económica por sus propios medios. No comprende la mera cesión de bienes.

- Operaciones realizadas por las Administraciones Públicas (salvo que actúen como empresa mercantil).

- Entregas de bienes y prestaciones de servicios con fines de promoción.

- Los servicios prestados por personas físicas en régimen de dependencia, derivado de relaciones administrativas o laborales, ordinarias o especiales.

- Determinados autoconsumos de bienes y servicios

- Determinadas concesiones y autorizaciones administrativas

- Las prestaciones de servicios a título gratuito que sean obligatorias para el sujeto pasivo en virtud de normas jurídicas o convenios colectivos, incluidos los servicios telegráficos y telefónicos prestados en régimen de franquicia.

- Los servicios prestados a las cooperativas de trabajo asociado por sus socios y los prestados a las demás cooperativas por sus socios de trabajo.

- Las operaciones realizadas por las comunidades de Regantes para la ordenación y aprovechamiento de las aguas.

- Las entregas de dinero a título de contraprestación o pago.

En el IVA se contemplan diversas exenciones.

Son exenciones interiores (las localizadas en el territorio del IVA), entre otras:

- Enseñanza en centros públicos o privados autorizados y clases particulares por personas físicas sobre materias incluidas en los planes de estudios del sistema educativo. Servicios de atención a niños en el centro docente prestados en tiempo interlectivo.

- Asistencia a personas físicas por profesionales médicos y servicios sanitarios.

- Servicios profesionales, incluidos aquellos cuya contraprestación consista en derechos de autor, prestados por artistas plásticos, escritores, colaboradores literarios y gráficos.

- Operaciones y prestaciones de servicios relativas a seguros, reaseguros y capitalización.

- Servicios de mediación prestados a personas físicas en diversas operaciones financieras.

- Arrendamiento de viviendas y entrega de terrenos rústicos y no edificables, así como segunda y ulteriores entregas de edificaciones.

- Entrega de sellos de correos y efectos timbrados de curso legal.

Entre las exenciones relacionadas con el comercio exterior, la entrega de bienes expedidos y transportados fuera del territorio peninsular español e Islas Baleares, ya sea con destino a otros Estados miembros, o a territorios terceros.

b) Regímenes de tributación

Existe un régimen general y regímenes especiales:

- Simplificado: empresarios del sector servicios, industriales y comerciantes mayoristas y minoristas que puedan tributar en este régimen

- Recargo de equivalencia: para comerciantes minoristas que reúnan los requisitos

- Agricultura, ganadería y pesca: para agricultores y ganaderos salvo renuncia o exclusión

- Bienes usados, objetos de arte, antigüedades y objetos de colección

- Agencias de viajes

- Oro de inversión

- Regímenes especiales aplicables a los servicios de telecomunicaciones, de radiodifusión o de televisión y a los prestados por vía electrónica.

- Grupo de entidades

- Criterio de caja

Tributan en régimen general los agricultores y ganaderos excluidos o que renuncien al régimen especial de la agricultura, ganadería y pesca o régimen simplificado, los industriales que no puedan tributar en el régimen simplificado y los comerciantes que no reúnen los requisitos del régimen simplificado ni del de recargo de equivalencia y, los profesionales, artistas y deportistas. Los empresarios del sector servicios pueden tributar en el régimen general o en el simplificado en algunos casos.

c) Régimen general

A quién se aplica

A los sujetos pasivos del IVA cuando no sea de aplicación ninguno de los regímenes especiales, se haya renunciado o se quede excluido del régimen simplificado o del régimen especial de la agricultura, ganadería y pesca.

En qué consiste

Quien realice entregas de bienes o prestaciones de servicios repercutirá el tipo impositivo del IVA que corresponda al importe de la operación, salvo que esté exenta o no sujeta

Tabla de tipos para 2025

Tipo de IVA	Descripción	Porcentaje
General	Aplicable a la mayoría de bienes y servicios	21%
Reducido	Productos alimenticios, medicamentos, equipos médicos, viviendas, etc.	10%
Superreducido	Alimentos básicos como pan, leche, frutas, verduras, etc.	4%

Se debe calcular y en su caso ingresar cada trimestre o mes (grandes empresas, los inscritos en el REDEME y entidades acogidas al régimen especial del grupo de entidades) la diferencia entre el IVA devengado, es decir, repercutido a clientes, y el IVA soportado deducible, el que repercuten los proveedores.

d) Modelos de autoliquidaciones

El modelo 303, se utiliza tanto si el período de liquidación es trimestral o mensual. No obstante, si se ha optado por el régimen especial del grupo de entidades el periodo de liquidación será mensual y se presentará el modelo 322 y, en su caso, también el modelo 353.

El modelo 368 "Declaración -liquidación periódica de los regímenes especiales aplicables a los servicios de telecomunicaciones, de radiodifusión o de televisión y electrónicos en el IVA." se presentará de forma trimestral (previa presentación del formulario 034 de alta en el registro especial).

Además, los sujetos pasivos deben formular una declaración resumen anual, modelo 390. No obstante, no presentarán el modelo 390:

Los sujetos pasivos con periodo de liquidación trimestral que, tributando solamente en territorio común, realicen actividades en régimen simplificado del IVA y/o cuya actividad consista en operaciones de arrendamiento de bienes inmuebles de naturaleza urbana.

Los sujetos pasivos que lleven los libros registro a través de la Sede electrónica de la Agencia Estatal de Administración Tributaria- SII.

Si el período de liquidación es trimestral, la presentación del modelo 303 y en su caso, el ingreso o solicitud de compensación se efectúa entre el 1 y el 20 de abril, julio y octubre, excepto la correspondiente al último período de liquidación del año, en la que también puede solicitar la devolución, entre el 1 y el 30 de enero del año siguiente. Para domiciliar el pago, la presentación se realiza por Internet entre el 1 y el 15 de abril, julio y octubre y entre el 1 y el 25 de enero. El modelo 368 se presenta entre el 1 y el 20 de abril, julio, octubre y enero e independientemente de que en el periodo de declaración hayan suministrado o no servicios tecnológicos.

La liquidación es mensual para las grandes empresas, para los que opten por inscribirse en el REDEME y para entidades acogidas al régimen especial del grupo de entidades (se opta con el modelo 036 y el 039 para los grupos de entidades) utilizando los modelos 303, 322 y 353. La presentación de estos modelos y en su caso, el ingreso o solicitud de compensación o devolución se efectúa entre el 1 y el 30 del mes siguiente a la finalización del correspondiente período de liquidación mensual salvo la del mes de enero que se presentará hasta el último día del mes de febrero.

Aquellos que apliquen el SII están exonerados de presentar los modelos 347 "Declaración de operaciones con terceras personas" y 390 "Declaración-resumen anual del IVA".

Si en algún trimestre no resultara cantidad a ingresar, se presentará, según proceda, declaración sin actividad, a compensar o a devolver (esta última sólo en el último trimestre). El último mes o trimestre del modelo 303 deberá presentarse en su caso de forma simultánea con la declaración resumen anual, modelo 390.

Si se desarrollan actividades que tributan simultáneamente en régimen general y en régimen simplificado, se presentará el modelo 303, entre el 1 y el 20 de abril, julio y octubre (hasta el 15 si domicilia el pago), y entre el 1 y el 30 de enero del año siguiente (hasta el 25 si domicilia el pago).

Forma de presentación

El modelo 303 se puede presentar:

Por Internet con certificado electrónico (obligatorio para sociedades anónimas, y limitadas, grandes empresas y adscritos a la Delegación Central de Grandes Contribuyentes (DCGC), los inscritos en el REDEME y Administraciones Públicas) o también con Cl@ve PIN (para personas físicas).

En papel impreso generado exclusivamente mediante la utilización del servicio de impresión de la AEAT desde Internet, cumplimentando los formularios disponibles en la Sede electrónica.

Los modelos 322 y 353 se presentarán obligatoriamente por Internet con certificado electrónico.

El modelo 368 se presentará obligatoriamente por Internet con certificado electrónico o, en su caso, con sistema Cl@ve PIN.

El modelo 390 se puede presentar:

Por Internet con certificado electrónico (obligatorio para sociedades anónimas y limitadas, adscritos a la DCGC o a alguna de las Unidades Regionales de Grandes Empresas, Administraciones Públicas y obligados tributarios con periodo de liquidación mensual) o también con sistema Cl@ve PIN (para personas físicas salvo que concurran las circunstancias anteriores).

Con el programa de ayuda disponible en Internet y confirmando la presentación con un SMS.

2. El derecho a la deducción de las cuotas del IVA soportado

El artículo 92 de la Ley 37/1992, de 28 de diciembre, del Impuesto sobre el Valor Añadido establece los requisitos y condiciones que han de concurrir para que las cuotas de IVA soportadas sean deducibles.

La conexión que se establece entre el artículo mentado y el artículo 94 de misma ley nos permite afirmar que los sujetos pasivos podrán deducirse las cuotas soportadas en cuanto las mismas se hayan devengado en el territorio de aplicación del IVA y se empleen para una actividad empresarial o profesional, pero siempre en la medida en que los bienes y servicios adquiridos se vayan a emplear en operaciones que dan derecho a la deducción. Esto es, el IVA es deducible en función del destino de los bienes.

Para la deducción de las cuotas de IVA son requisitos imprescindibles:

- Que se trate de cuotas deducibles (art. 92, apartado Uno), cumpliendo esta condición las cuotas del IVA soportadas en el TAI.

- Que los bienes y servicios adquiridos se utilicen en la realización de operaciones que originen el derecho a la deducción, según establece el artículo 94, en el cual se regula, como regla general, que únicamente generan el derecho a deducción las operaciones sujetas y no exentas del impuesto (art. 92, apartado Dos).

De esta manera, en la medida en que los bienes y servicios adquiridos se destinen a la realización de operaciones que generan el derecho a deducir el IVA soportado, se deducirán las cuotas soportadas.

En el artículo 94 de la Ley del IVA se recogen las operaciones generan el derecho a la deducción, empezando por las sujetas y no exentas.

El abogado tributará IVA en el régimen general y se podrá deducir si están afectos a la actividad los inmuebles (total o parcialmente). La adquisición de un despacho: IVA soportado deducible al 100%. Debe figurar en la contabilidad o registros oficiales de la actividad, e integrarse en el patrimonio empresarial o profesional. Y los gastos de suministros (agua, luz, gas, etc.): deducción 100%. En cuestión de utilización parcial, deducción parcial: cuando el inmueble no esté afecto al 100% se parcial permitirá la deducción parcial de las cuotas soportadas. El grado de utilización del inmueble en el desarrollo de la actividad profesional deberá acreditarse por cualquier medio de prueba admisible en derecho. En cuanto a vehículos, existe una PRESUNCIÓN de afectación del 50 por ciento.   El vehículo debe adquirirse con la intención de destinarlo al desarrollo de la actividad. En todo caso, se requiere que el vehículo este integrado en el patrimonio empresarial y debidamente contabilizado e incluido en los registros oficiales de la actividad desarrollada (DGT CV 15-11-16). Se podrá probar la afectación del 100%.

3. Régimen simplificado y recargo de equivalencia

Régimen especial simplificado

Una actividad sólo puede tributar en el régimen simplificado del IVA si tributa
en estimación objetiva del IRPF. La coordinación entre ambos regímenes es
total. La renuncia o exclusión en uno produce los mismos efectos en el otro.
(Una actividad en estimación objetiva del IRPF, sólo puede tributar en el IVA
en recargo de equivalencia, régimen especial de la agricultura, ganadería y
pesca o régimen simplificado). La renuncia se realizará presentando los
modelos 036 o 037 de declaración censal de alta o modificación, en el mes de
diciembre anterior al inicio del año natural en que deba surtir efecto.

El régimen simplificado sólo es compatible con el régimen de la agricultura,
ganadería y pesca y con el recargo de equivalencia. Quien realice una actividad
sujeta al régimen general del IVA o a un régimen especial distinto de los
señalados, no podrá tributar en el régimen simplificado del IVA por ninguna
actividad (salvo actividades en las que se realicen exclusivamente operaciones
interiores exentas o arrendamiento de inmuebles que no suponga actividad
empresarial según el IRPF). Si se realiza una actividad en régimen simplificado
del IVA y se inicia durante el año otra actividad incompatible, la exclusión por
aquélla surtirá efecto el año natural siguiente.

A quién se aplica

A las personas físicas y entidades en régimen de atribución de rentas que
cumplan los siguientes requisitos:

- Que sus actividades estén incluidas en la Orden que desarrolla el régimen
  simplificado.

- Que no rebasen los límites establecidos en dicha Orden y en la Ley del
  IVA

- Que el importe de las adquisiciones o importaciones de bienes y
  servicios, excluidos los de elementos del inmovilizado, no haya superado
  en el año inmediato anterior, los 150.000 € (250.000 € para 2016, 2017
  y 2018).

- Que no hayan renunciado a su aplicación.

- Que no hayan renunciado ni estén excluidos, de la estimación objetiva
  del IRPF ni del régimen especial de la agricultura, ganadería y pesca en
  el IVA.

- Que ninguna actividad ejercida esté en estimación directa del IRPF o en alguno de los regímenes de los IVA incompatibles con el régimen simplificado.

En qué consiste

Mediante la aplicación de los módulos que se fijan para cada actividad, se determina el IVA devengado por operaciones corrientes del cual podrán deducirse, en las condiciones establecidas, las cuotas de IVA soportadas en la adquisición de bienes y servicios corrientes y de activos fijos afectos a la actividad. El resultado de las operaciones corrientes (IVA devengado menos IVA soportado en las operaciones propias de la actividad) no puede ser inferior a un mínimo que se establece para cada actividad.

Régimen especial del recargo de equivalencia

A quién se aplica

Régimen obligatorio para determinadas actividades de sectores establecidos por la Ley y que se aplica a los comerciantes minoristas, personas físicas, herencias yacentes o comunidades de bienes cuando todos sus socios, comuneros o partícipes sean personas físicas, que comercialicen al por menor, artículos de cualquier naturaleza, excepto los siguientes productos:

- Vehículos a motor para circular por carretera y sus remolques.

- Embarcaciones y buques.

- Aviones, avionetas, veleros y demás aeronaves.

- Accesorios y piezas de recambio de los medios de transporte anteriores.

- Joyas, alhajas, piedras preciosas, perlas naturales o cultivadas, objetos elaborados total o parcialmente con oro o platino. Bisutería fina que contenga piedras preciosas, perlas naturales o los referidos metales, ya sea en bañado o chapado, salvo que el contenido de oro o platino tenga un espesor inferior a 35 micras.

- Prendas de vestir o de adorno personal confeccionadas con pieles de carácter suntuario. Salvo bolsos, carteras y objetos similares, así como, las prendas realizadas exclusivamente con retales, cabezas, etc., o con pieles corrientes o de imitación.

- Objetos de arte originales, antigüedades y de colección.

- Bienes utilizados por el sujeto pasivo transmitente o por terceros antes de transmitirlos.

- Aparatos y accesorios para la avicultura y apicultura.

- Productos petrolíferos cuya fabricación, importación o venta está sujeta a los Impuestos Especiales.

- Maquinaria de uso industrial.

- Materiales y artículos para la construcción de edificaciones o urbanizaciones.

- Minerales, excepto el carbón.

- Hierros, aceros y demás metales y sus aleaciones, no manufacturados.

- Oro de inversión.

Son comerciantes minoristas quienes venden habitualmente bienes muebles o semovientes sin someterlos a procesos de fabricación, elaboración o manufactura, si las ventas a consumidores finales durante el año anterior superan el 80% de las ventas totales realizadas. Si no se ejerció la actividad en dicho año o tributara en estimación objetiva en el IRPF y tiene la condición de minorista en el IAE, no se aplicará el requisito del porcentaje de ventas.

Si no se reúnen estos requisitos, será de aplicación el régimen general. No obstante, existen algunas actividades de comercio al por menor que pueden tributar en el régimen simplificado.

En qué consiste

Los proveedores repercuten al comerciante en la factura, el IVA correspondiente más el recargo de equivalencia, por separado y a los siguientes tipos:

Tipo general del 21%: recargo del 5,5%

Tipo reducido del 10%: recargo del 2%

Tipo superreducido del 4%: recargo del 0,5%

Tabaco: recargo del 1,75%

El comerciante no está obligado a efectuar ingreso alguno por la actividad (lo hacen los proveedores), salvo por las adquisiciones intracomunitarias, cuando sea sujeto pasivo por inversión y por las ventas de inmuebles con renuncia a la exención.

Modelos de autoliquidaciones

No hay que presentar declaraciones del IVA por las actividades en este régimen especial. No obstante, cuando se realicen adquisiciones intracomunitarias, operaciones con inversión del sujeto pasivo o entregas de inmuebles sujetas y no exentas, se presentará el modelo 309.

Obligaciones formales

Acreditar ante los proveedores, que está en el régimen del recargo de equivalencia.

No existe obligación de expedir factura ni documento sustitutivo por las ventas realizadas, salvo, entre otras, en entregas de inmuebles sujetas y no exentas al Impuesto.

No obstante, debe expedirse factura cuando el destinatario sea un empresario o profesional, así como, cuando el destinatario así lo exija para el ejercicio de cualquier derecho de naturaleza tributaria.

No existe obligación de llevar libros por el IVA, salvo que se realicen actividades en otros regímenes distintos en cuyo caso, además del deber de cumplir respecto de ellas las obligaciones formales establecidas, debe llevarse un libro registro de facturas recibidas para anotar con la debida separación, las relativas a adquisiciones correspondientes a actividades en recargo de equivalencia.

PREGUNTAS TEST DEL TEMA 5. ACTIVIDAD ECONOMICA EN EL IMPUESTO SOBRE EL VALOR AÑADIDO

1. ¿Cuál de estos requisitos en necesario para considerar que una entrega de bienes o prestación de servicios está sujeta a IVA?

    a) Que se realice en las Islas Canarias

    b) Que se realice a título oneroso

    c) Que se realice en la península o en las Islas Baleares

    d) b y c son correctas

2. El recargo de equivalencia resulta aplicable a:

    a) Sociedades anónimas

    b) Sociedad limitada nueva empresa

    c) Personas físicas o entidades en régimen de atribución de rentas en IRPF

    d) A las sociedades de capital de Amancio Ortega

3. Para que sea deducible el IVA soportado por el empresario:

    a) Entre otras cosas debe existir un documento justificativo

    b) Tendrá que ser el soportado en la adquisición de joyas

    c) El empresario en ningún caso puede deducirse el IVA soportado

    d) Ninguna de las respuestas anteriores es correcta

4. ¿Quiénes se consideran comerciantes minoristas?

    a) Quienes revenden inmuebles

    b) Quienes venden habitualmente bienes muebles sin haberlos sometido a ningún proceso de fabricación, elaboración o manufactura

    c) Aquellos cuyas ventas a consumidores finales durante el año precedente hayan sido superiores al 95%

    d) Todas las respuestas anteriores son correctas

5. ¿A quién repercuten los proveedores el IVA correspondiente más el recargo de equivalencia?

a) Al fabricante

b) Al distribuidor

c) No se repercute IVA

d) Al comerciante

6. ¿Cómo se instrumenta el recargo de equivalencia?

a) No se incluirá el IVA correspondiente en la factura por parte de los proveedores

b) Será el propio comerciante minorista quien tendrá que pedir al proveedor que se lo incluya en la factura

c) Serán los proveedores quienes repercutan el IVA al comerciante minorista sin incluir el recargo de equivalencia

d) Ninguna de las respuestas anteriores es correcta

7. ¿Quiénes tienen la condición de empresarios o profesionales?

a) Los arrendadores de bienes

b) Las personas o entidades que realicen actividades empresariales o profesionales

c) Las sociedades mercantiles, salvo prueba en contrario

d) Todas las respuestas anteriores son correctas

8. Se considera entrega de bienes:

a) La transmisión del poder de disposición sobre bienes corporales

b) La transmisión del poder de disposición sobre bienes no corporales en todo caso

c) El calor, frio, gas, etc.

d) Son correctas a) y c)

9. ¿Qué se considera prestación de servicios?

a) La transmisión del poder de disposición sobre el calor, frío, gas, etc.

b) Prestación de servicios y entrega de bienes son sinónimos

c) Son todas las operaciones que no constituyan entregas de bienes, adquisiciones intracomunitarias o importaciones de bienes

d) Ninguna de las respuestas anteriores es correcta

10. El tipo reducido del IVA es:

a) 10%

b) 21%

c) 4%

d) 12%